아랍에미리트 헌법

دستور دولة الإمارات العربية المتحدة

명지대학교중동문제연구소
중동국가헌법번역HK총서03

아랍에미리트 헌법

دستور دولة الإمارات العربية المتحدة

명지대학교 중동문제연구소
معهد الدراسات لشؤون الشرق الأوسط

모시는사람들

이 역서는 2010년 정부(교육과학기술부)의 재원으로 한국연구재단의 지원을 받아 수행된

연구임(NRF-2010-362-A00004)

머리말

　명지대학교 중동문제연구소는 "현대 중동의 사회변동과 호모이슬라미쿠스: 샤리아 연구와 중동학 토대구축"이란 대주제 하에 한국연구재단의 인문한국(HK)지원사업 해외지역연구분야 10년 프로젝트를 수행하고 있습니다. 본 연구소는 연구사업의 일환으로 현대 중동 국가들의 정체성을 가장 구체적이고 명료하게 표현해 놓은 헌법을 아랍어 원문에서 우리말로 직접 번역 출판하는 작업을 하고 있습니다. 2013년 5월 31일 『사우디아라비아 통치기본법』, 2014년 4월 30일 『쿠웨이트 헌법』을 번역 출간했으며, 이번에 『아랍에미리트(UAE) 헌법』을 번역 출간합니다. 아랍어 원문의 의미에 가장 가까우면서도 독자들이 가장 잘 이해할 수 있도록 번역하기 위해 언어학자, 정치학자, 종교학자, 헌법학자들이 함께 했습니다. 헌법에는 한 국가의 정치·경제·사회·문화 정체성과 국민들의 삶의 양태가 가장 포괄적으로 규정되어 있습니다. 또한 하나의 헌법 규정 하에서 살고 있는 사람들은 공통 정향성을 형성하기 때문에 헌법을 국가 이해의 초석이라 하지 않을 수 없습니다.

카타르, 바레인, 쿠웨이트를 포함하는 걸프 연안의 여러 아미르국들(Emirates)은 1853년 영국과 보호조약을 맺어 영국의 보호지역이 되었기에 휴전협정국(Trucial States)이라고 합니다. 이들 아미르국들은 1916년 5월 영국과 프랑스 간의 비밀협정인 사이크스-피코 협정(Sykes-Picot Agreement)에 의해 영국 위임통치 지역으로 편입되었습니다. 이중 쿠웨이트는 1961년 6월에, 바레인은 1971년 8월에, 카타르는 1971년 12월에 독립국이 되었으며, 나머지 아미르국들은 1971년 12월 영국 식민지배로부터 독립하여 아랍에미리트연방(United Arab Emirates, UAE)이라는 입헌연방국가를 건설했습니다.

이슬람력 1391년 5월 25일(서력 1971년 7월 18일)에 6개 아미르국 대표들이 두바이에 모여 이 헌법에 서명을 하였습니다(라으스 알카이마 아미르국은 1972년에 연방에 가입하였기에 1971년 헌법에는 서명하지 않았습니다). UAE 헌법은 제1편 연방, 기본구성요소와 목적, 제2편 연방의 기본적 사회, 경제 기반, 제3편 자유, 권리, 공공의무, 제4편 연방 통치기구(제1장 연방최고회의, 제2장 연방대통령과 부통령, 제3장 연방각료회의, 제4장 연방국가평의회, 제5장 연방 및 아미르국의 사법), 제5편 연방 입법과 칙령, 관계당국(제1장 연방법, 제2장 법적 효력을 지닌 칙령, 제3장 일반칙령), 제6편 아미르국들, 제7편 연방과 아미르국 간의 입법, 행정, 국제 관할 업무의 분배, 제8편 연방재정업무, 제9편 군대와 보안군, 제10편 최종규정 및 임시규정 등 제10편 제152조로 구성되어 있습니다. 이 헌법을 제정함으로써 UAE는 연방제형 근대국민국가의 기본 틀을 갖추게 되었습니다.

우리는 헌법 서문에 해당하는 다음 내용을 통해 아랍에미리트가 지향하는 국가의 모습을 분명하게 그릴 수 있습니다.

"우리 아부다비, 두바이, 샤르자, 아즈만, 움무 알꾸와인, 후자이라 아미르국의 통치자들은 보다 더 나은 삶과 더 지속적인 안정을 제공하고, 아미르국과 아미르국 국민 모두의 더 높은 국제적 위상을 드높이기 위해 이 아미르국들 간의 연방 설립에 우리의 염원과 우리 아미르국들의 염원이 서로 만났다는 것에 비추어, 주권을 가진 독립연방국가와 아미르국이나 그 회원국들의 실체를 보호할 수 있는 형태로, 아랍 우방국들과 UN의 모든 신뢰할 만한 우방 국가들, 그리고 가족과 같은 국가들의 협력을 바탕으로, 상호존중과 상호 이해와 이익을 바탕으로 아랍 아미르국들 간의 보다 긴밀한 유대관계 수립을 염원한다. … 이 모든 것을 위하여 전지전능하신 창조주 앞에서 그리고 모든 국민 앞에서, 우리의 서명이 들어간 이 헌법에 대한 우리의 합의를 선언한다…"

  아랍에미리트는 우리와 정치적, 경제적, 문화적으로 매우 밀접한 친선우호국으로 발전해 왔습니다. 최근 아랍에미리트의 석유자원과 우리의 각종 기술력이 결합되면서 상호이익이 확대 재생산되고 있습니다. 두 나라의 협력은 경제협력 뿐 아니라 문화, 체육 등 다양한 분야에서의 상호교류와 협력으로 확대될 것으로 확신합니다.
  명지대 중동문제연구소는 중동연구의 기반구축사업으로 중동 주요 국가들의 헌법을 아랍어 원문에 충실하게 번역하는 우리나라 최초의 연구소입니다. 무슨 일이나 '최초'라는 것은 개척자라는 의미가 크지만, 사실 많은 용기와 두려움이 따릅니다. 아랍어문학, 중동정치학, 이슬람학 전공자들이 번역하고, 법학 전공자의 감수를 받았음에도 불구하고 헌법 번역서를 세상에 내놓기에는 실로 엄청난 용기가 필요할 뿐 아니라 말로

하기 어려운 두려움이 앞섭니다. 저희 연구진은 강의와 논문 작성 등 교수의 본업에 충실하면서도 헌법 번역을 위한 공동 작업을 꾸준히 진행했습니다. 번역 작업과 여러 차례의 교정, 법학자의 감수를 거치는 데 1년 이상이 소요되었음에도 불구하고 여전히 난해한 부분이 있고, 또 미처 고치지 못한 오류가 있을지 모릅니다. 독자들의 애정 어린 평가를 기대합니다.

마지막으로 아랍에미리트 헌법 번역 출판이 가능하도록 전폭적인 지원을 해 준 한국연구재단과 번역 작업에 참여한 김종도, 정상률, 임병필, 박현도, 안정국 교수님과 감수를 맡아 꼼꼼히 읽고 평가해 주신 명지대 법대 기현석 교수님께 진심으로 감사를 드립니다.

2014년 6월

명지대학교 중동문제연구소장 이종화 배상

차례

아랍에미리트 헌법[1]

우리 아부다비, 두바이, 샤르자,[2] 아즈만, 움무 알꾸와인, 후자이라 아미르국의 통치자들은[3]

보다 더 나은 삶과 더 지속적인 안정을 제공하고, 아미르국과 아미르국 국민 모두의 국제적 위상을 드높이기 위해 아미르국들 간의 연방 설립에 우리의 염원과 우리 아미르국 국민들의 염원이 서로 만났다는 것에 비추어,

주권을 가진 독립연방국가와 아미르국이나 그 회원국들의 실체를 보호할 수 있는 형태로, 아랍 우방국들과 UN의 모든 신뢰할 만한 우방국들, 그리고 가족과 같은 국가들의 협력을 바탕으로, 상호존중과 상호 이해와 이익을 바탕으로 아랍 아미르국들 간의 보다 긴밀한 유대관계 수립을 염원한다.

현재 아미르국들의 현실과 가능성에 부합하고, 가능한 한

دستور دولة الإمارات العربية المتحدة

نحن حكام إمارات أبو ظبي والشارقة وعجمان وأم القيوين والفجيرة

نظرًا لأن إرادتنا وإرادة شعب إماراتنا قد تلاقت على قيام اتحاد بين هذه الإمارات، من أجل توفير حياة أفضل، واستقرار أمكن، ومكانة دولية أرفع لها ولشعبها جميعًا.

ورغبةً في إنشاء روابط أوثق بين الإمارات العربية في صورة دولة اتحادية مستقلة ذات سيادة، قادرة على الحفاظ على كيانها وكنان أعضائها، متعاونة مع الدول العربية الشقيقة، ومع كافة الدول الأخرى الصديقة الأعضاء في منظمة الأمم المتحدة، وفي الأسرة الدولية عمومًا، على أساس الاحترام المتبادل، وتبادل المصالح والمنافع.

ورغبةً كذلك في إرساء قواعد الحكم الاتحادي خلال

연방이 그의 목적들을 달성할 수 있도록 그 목적이 회원국들의 정체성에 위배되지 않도록 유지하며, 연방의 국민이 동시에 자유롭고 관대한 헌법적 삶을 준비한다. 두려움과 불안으로부터 자유로운 아랍·이슬람사회 속에서 포괄적인 구성요소들의 민주적이고 대표적인 통치를 향하여 나아가며, 그러한 확고한 기반을 바탕으로 다가오는 수년 내에 연방의 통치원칙들을 공고히 하길 염원한다.

가장 강력한 우리의 염원과 우리의 결심이 가장 위대한 것의 실현을 염원하고, 문명화된 국가들 사이에서 우리에게 걸맞는 위치를 차지할 수 있도록 우리의 국가와 국민에게 활력을 불어 넣길 열망한다.

이 모든 것을 위하여 전지전능하신 창조주 앞에서 그리고 모든 국민 앞에서, 우리의 서명이 들어간 이 헌법에 대한 우리의 합의를 선언한다.[4]

우리의 보호자이고 방어자이신 알라께서 우리의 성공을 허락하시기를.

السنوات المقبلة على أسس سليمة، تتمشى مع واقع الإمارات وإمكانياتها في الوقت الحاضر، وتطلق يد الاتحاد بما يمكنه من تحقيق أهدافه، وتصون الكيان الذاتي لأعضائه بما لا يتعارض وتلك الأهداف، وتعد شعب الاتحاد في الوقت ذاته للحياة الدستورية الحرة الكريمة، مع السير به قدمًا نحو حكم ديمقراطي نيابي متكامل الأركان، في مجتمع عربي إسلامي متحرر من الخوف والقلق.

ولما كان تحقيق ذلك من أعز رغباتنا، ومن أعظم ما تتجه إليه عزائمنا، حرصًا على النهوض ببلادنا وشعبها إلى المنزلة التي تؤهلهما لتبوء المكان اللائق بهما بين الدول المتحضرة وأممها.

ومن أجل ذلك كله نعلن أمام الخالق العلي القدير، وأمام الناس أجمعين، موافقتنا على هذا الدستور المذيل بتوقيعاتنا. والله ولي التوفيق، وهو نعم المولى ونعم النصير.

제1편
연방, 기본구성요소와 목적

제1조

아랍에미리트는 주권을 가진 독립 연방국이며,[5] 이 헌법에서 아랍에미리트는 연방(Union)으로 칭한다. 연방은 다음 아미르국들로 구성된다: 아부다비, 두바이, 샤르자, 아즈만, 움무 알꾸와인, 라으스 알카이마, 후자이라.

어떤 아랍 독립국가도 연방최고회의[6]가 (이에 대하여) 만장일치로 동의한다면, 연방에 가입할 수 있다.

연방 새 회원국의 가입을 승인할 시 연방최고회의는 이 헌법의 제68조에 명시되어 있는 수에 더하여 연방국가평의회에서 이 회원국에게 할당되는 의석 수를 정한다.[7]

الباب الأول
الاتحاد ومقوماته وأهدافه الأساسية

(مادة ١)

الإمارات العربية المتحدة دولة اتحادية مستقلة ذات سيادة، ويشار إليها فيما بعد في هذا الدستور بالاتحاد. ويتألف الاتحاد من الإمارات التالية: أبوظبي – دبي — الشارقة — رأس الخيمة – عجمان – أم القيوين — الفجيرة. ويجوز لأي قطر عربي مستقل أن ينضم إلى الاتحاد، متى وافق المجلس الأعلى للاتحاد على ذلك بإجماع الآراء. وعند قبول انضمام عضو جديد إلى الاتحاد، يحدد المجلس الأعلى للاتحاد عدد المقاعد التي تخصص لهذا العضو في المجلس الوطني الاتحادي زيادة على العدد المنصوص عليه في المادة (٦٨) من هذا الدستور.

제2조

연방은 이 헌법 규정에 의거하여 연방에 할당된 문제들에 있어서 회원 아미르국들의 국제적 경계 내에 위치한 모든 영토와 그 영토 내 모든 수자원에 대한 주권을 행사한다.[8]

제3조

회원 아미르국들은 이 헌법에 의거하여 연방이 관할하고 있지 않는 모든 사안에 있어서 각 아미르국의 영토와 영해에 대해 전적으로 주권을 행사한다.[9]

제4조

연방은 주권을 양도하거나, 영토 또는 영해의 일부분을 포기할 수 없다.

제5조

연방은 국기, 문장, 국가(國歌)[10]를 가지며, 국기와 문장은

(مادة ٢)

يمارس الاتحاد في الشؤون الموكولة إليه بمقتضى أحكام هذا الدستور السيادة على جميع الأراضي والمياه الإقليمية الواقعة داخل الحدود الدولية للإمارات الأعضاء.

(مادة ٣)

تمارس الإمارات الأعضاء السيادة على أراضيها ومياهها الإقليمية في جميع الشؤون التي لا يختص بها الاتحاد بمقتضى هذا الدستور.

(مادة ٤)

لا يجوز للاتحاد أن يتنازل عن سيادته، أو أن يتخلى عن أي جزء من أراضيه أو مياهه.

(مادة ٥)

يكون للاتحاد علمه وشعاره ونشيده الوطني. ويحدد القانون

법률로 정한다. 각 아미르국들은 자신의 영토 내에서 사용할 수 있는 자체 국기를 가진다.

제6조

연방은 종교, 언어, 역사, 공동운명으로 결합된 대(大) 아랍국가의 일원이다. 연방의 국민들은 하나의 국민이고, 아랍공동체의 일원이다.[11]

제7조

이슬람은 연방의 공식 종교이고, 이슬람 샤리아[12]는 연방 입법의 주요 원천이며, 연방의 공식언어는 아랍어이다.

제8조

연방의 시민은 법률이 정하는 바에 의하여 하나의 국적을 가지며, 해외에서 국제적으로 준수되어 온(통용되어 온)

العلم والشعار وتحتفظ كل إمارة بعلمها الخاص لاستخدامه داخل إقليمها.

(مادة ٦)

الاتحاد جزء من الوطن العربي الكبير، تربطه به روابط الدين واللغة والتاريخ والمصير المشترك. وشعب الاتحاد شعب واحد، وهو جزء من الأمة العربية.

(مادة ٧)

الإسلام هو الدين الرسمي للاتحاد، والشريعة الإسلامية مصدر رئيسي للتشريع فيه، ولغة الاتحاد الرسمية هي اللغة العربية.

(مادة ٨)

يكون لمواطني الاتحاد جنسية واحدة يحددها القانون. ويتمتعون في الخارج بحماية حكومة الاتحاد وفقاً للأصول

원칙에 따라 연방정부의 보호를 받는다. 법률이 명시하고 있는 예외적인 상황을 제외하고는 연방의 어떠한 시민도 국적을 박탈당하거나 회수되지 않는다.

제9조
아부다비 시는 연방의 수도이다.[13]

제10조
연방의 목적은 연방의 독립과 주권을 유지하는 것, 연방의 안보와 안전 보장, 연방의 존재 또는 연방회원국의 존재를 공격하는 것에 대한 방어, 연방 국민들의 권리와 자유의 보호, 이러한 목적으로 아미르국들 사이에 공동의 이익을 위하여, 그리고 모든 분야에 있어서 아미르국들의 번영과 발전을 위하여 긴밀한 상호협력을 실현하는 것, 이 헌법 테두리 내에서 각 아미르국들의 내부 문제에 있어 각 아미르국들이 타 아미르국들의 독립과 주권을 존중함으로써

الدولية المرعية. ولا يجوز إسقاط الجنسية عن المواطن، أو سحبها منه، إلا في الحالات الاستثنائية التي ينص عليها القانون.

(مادة ٩)

تكون مدينة أبو ظبي عاصمة للاتحاد.

(مادة ١٠)

أهداف الاتحاد هي الحفاظ على استقلاله وسيادته وعلى أمنه واستقراره، ودفع كل عدوان على كيانه أو كيان الإمارات الأعضاء فيه، وحماية حقوق وحريات شعب الاتحاد وتحقيق التعاون الوثيق فيما بين إماراته لصالحها المشترك من أجل هذه الأغراض، ومن أجل ازدهارها وتقدمها في كافة المجالات وتوفير الحياة الأفضل لجميع المواطنين مع احترام كل إمارة عضو لاستقلال وسيادة الإمارات الأخرى في شؤوبها الداخلية في نطاق هذا

모든 시민에게 보다 나은 삶을 제공하는 것이다.

제11조

1. 연방의 아미르국들은 하나의 통합된 경제와 관세 체제를 형성한다. 이러한 통일체의 실현을 위해 적합한 점진적 단계들은 연방법으로 정한다.

2. 연방 아미르국들 사이의 모든 자본과 상품의 자유로운 이동은 보장되며, 연방법에 의하지 아니하고는 제한 받지 않는다.[14]

3. 한 아미르 회원국으로부터 다른 회원 아미르국으로의 상품 이동에 대해 부과되는 모든 세금, 관세, 통행료는 철폐된다.

제12조

연방의 외교정책은 아랍·이슬람의 대의와 이익을 지지하는 것을 목표로 해야 하며, 유엔헌장과 모범적인 국제기준 원칙에 기반하여 모든 국가들 및 그 국민들과의 친선과

الدستور .

(مادة ١١)

١ – تشكل إمارات الاتحاد وحدة اقتصادية وجمركية وتنظم القوانين الاتحادية المراحل التدريجية المناسبة لتحقيق تلك الوحدة.

٢ – حرية انتقال رؤوس الأموال ومرور البضائع بين إمارات الاتحاد مكفولة ولا يجوز تقييدها إلا بقانون اتحادي.

٣ – تلغى جميع الضرائب والرسوم والعوائد والمكوس المفروضة على انتقال البضائع من إمارة إلى أخرى من الإمارات الأعضاء.

(مادة ١٢)

تستهدف سياسة الاتحاد الخارجية نصرة القضايا والمصالح العربية والإسلامية وتوثيق أواصر الصداقة والتعاون مع جميع الدول والشعوب، على أساس مبادئ ميثاق الأمم المتحدة،

상호협력의 유대 강화를 목표로 한다.

والأخلاق المثلى الدولية.

제2편
연방의 기본적 사회, 경제 기반

제13조

연방과 회원 아미르국들은 이 부분(제2편)의 규정을 집행할 시에, 연방의 관할권과 능력 내에서 상호협력한다.

제14조

모든 시민을 위한 평등, 사회정의, 안전과 안보의 보장, 기회의 평등은 사회의 기둥이다. 상호협력과 상부상조는 그들 사이의 확고한 연결고리이다.

제15조

가족은 사회의 기초이다. 가족은 종교, 윤리, 애국심을 기

الباب الثاني
الدعامات الاجتماعية والاقتصادية
الأساسية للاتحاد

(مادة ١٣)

يتعاون الاتحاد والإمارات الأعضاء فيه، كل في حدود اختصاصاته وإمكانياته، في تنفيذ أحكام هذا الباب.

(مادة ١٤)

المساواة، والعدالة الاجتماعية، وتوفير الأمن والطمأنينة، وتكافؤ الفرص لجميع المواطنين، من دعامات المجتمع. والتعاضد والتراحم صلة وثقى بينهم.

(مادة ١٥)

الأسرة أساس المجتمع قوامها الدين والأخلاق وحب

반으로 한다. 법률은 가족의 존재와 안전을 보장하며, 일탈로부터 가족을 보호한다.

제16조

사회는 어린이와 모성을 돌보아야 하며 질병, 무능력, 노령, 불가항력의 실업과 같은 이유로 자신을 돌볼 수 없는 약자와 무능력자를 보호해야 한다. 사회는 그들(약자와 무능력자)의 이익과 사회의 이익을 위하여 그들을 돕고, 그들 스스로 자격을 갖추게 할 책임이 있다. 이러한 문제들은 공공부조법과 사회보장법으로 정한다.

제17조

교육은 사회발전을 위한 기본요소이며, 초등교육은 의무교육이고, 연방 내에서 모든 단계의 교육은 무료이다.[15] 법률은 교육의 여러 단계에서 교육의 보급과 대중화, 문맹퇴치를 위하여 필요한 계획을 수립한다.

الوطن، ويكفل القانون كيانها، ويصونها ويحميها من الانحراف.

(مادة ١٦)

يشمل المجتمع برعايته الطفولة والأمومة ويحمي القصر وغيرهم من الأشخاص العاجزين عن رعاية أنفسهم لسبب من الأسباب، كالمرض أو العجز أو الشيخوخة أو البطالة الإجبارية، ويتولى مساعدتهم وتأهيلهم لصالحهم وصالح المجتمع. وتنظم قوانين المساعدات العامة والتأمينات الاجتماعية هذه الأمور.

(مادة ١٧)

التعليم عامل أساسي لتقدم المجتمع. وهو إلزامي في مرحلته الابتدائية ومجاني في كل مراحله داخل الاتحاد. ويضع القانون الخطط اللازمة لنشر التعليم وتعميمه بدرجاته المختلفة، والقضاء على الأمية.

제18조

관할 관계당국의 감독과 지시를 따른다는 조건으로, 개인과 단체는 법규에 따라 사립학교를 설립할 수 있다.

제19조

사회는 시민을 위해 국민건강보호, 질병과 전염병에 대한 예방과 치료의 수단을 보장한다. 사회는 병원과 보건소, 공공 및 개인의 진료소 설립을 장려한다.

제20조

사회는 노동을 사회발전의 초석으로 본다. 사회는 시민의 고용과 직업훈련을 위해 노력한다. 사회는 선진 국제노동법에 비추어 노동자들의 권리와 고용주들의 이익을 보호하는 법률을 제정함으로써 이에 적절한 환경을 조성한다.[16]

(مادة ١٨)

يجوز للأفراد والهيئات إنشاء المدارس الخاصة وفقاً لأحكام القانون، على أن تخضع لرقابة السلطات العامة المختصة وتوجيهاتها.

(مادة ١٩)

يكفل المجتمع للمواطنين الرعاية الصحية، ووسائل الوقاية والعلاج من الأمراض والأوبئة. ويشجع على إنشاء المستشفيات والمستوصفات ودور العلاج العامة والخاصة.

(مادة ٢٠)

يقدر المجتمع العمل كركن أساسي من أركان تقدمه. ويعمل على توفيره للمواطنين وتأهيلهم له. ويهيء الظروف الملائمة لذلك بما يضعه من تشريعات تصون حقوق العمال ومصالح أرباب العمل، على ضوء التشريعات العمالية العالمية المتطورة.

제21조

사유재산은 보장되며, 이에 해당하는 조건은 법률로 정한다. 정당한 보상과 법규에 의거하여 공공이익이 필요로 하는 상황이 아니고는 어느 누구로부터도 그 자신의 재산을 빼앗기지 않는다.

제22조

공공재산은 신성하며, 모든 시민은 그것을 보호할 의무가 있다. 이 의무의 위반에 대한 처벌 조건은 법률로 정한다.

제23조

각 아미르국들의 부와 천연자원은 해당 아미르국의 공적 자산으로 보며, 사회는 국가경제 이익을 위해 이를 보호하고 선용할 책임을 진다.

(مادة ٢١)

الملكية الخاصة مصونة. ويبين القانون القيود التي ترد عليها.
ولا ينزع من أحد ملكه إلا في الأحوال التي تستلزمها المنفعة
العامة وفقاً لأحكام القانون، وفي مقابل تعويض عادل.

(مادة ٢٢)

للأموال العامة حرمة، وحمايتها واجبة على كل مواطن.
ويبين القانون الأحوال التي يعاقب فيها على مخالفة هذا
الواجب.

(مادة ٢٣)

تعتبر الثروات والموارد الطبيعية في كل إمارة مملوكة ملكية
عامة لتلك الإمارة. ويقوم المجتمع على حفظها وحسن
استغلالها، لصالح الاقتصاد الوطني.

제24조

국가경제의 기초는 사회정의이며, 그것은 공적 활동과 사적 활동 간의 신실한 협력을 바탕으로 한다. 국가경제의 목적은 경제발전과 생산성 증대, 생활수준의 향상과 법률의 테두리 내에서 국민복리를 실현하는 것이다. 연방은 상호협력과 저축을 장려한다.

(مادة ٢٤)

الاقتصاد الوطني أساسه العدالة الاجتماعية وقوامه التعاون الصادق بين النشاط العام والنشاط الخاص، وهدفه تحقيق التنمية الاقتصادية وزيادة الإنتاج ورفع مستوى المعيشة وتحقيق الرخاء للمواطنين في حدود القانون. ويشجع الاتحاد التعاون والإدخار.

제3편
자유, 권리, 공공의무

제25조

모든 사람은 법 앞에 평등하며, 연방 시민은 인종, 출신지, 종교적 신념이나 사회적 지위에 따른 차별은 없다.

제26조

모든 시민의 개인적 자유는 보장된다. 어떠한 사람도 법률에 의하지 아니하고는 체포, 수색, 구금되지 않는다. 어떠한 사람도 고문 또는 존엄성을 모독하는 대우를 받지 않는다.

الباب الثالث
الحريات والحقوق والواجبات العامة

(مادة ٢٥)

جميع الأفراد لدى القانون سواء، ولا تمييز بين مواطني الاتحاد بسبب الأصل أو الموطن أو العقيدة الدينية أو المركز الاجتماعي.

(مادة ٢٦)

الحرية الشخصية مكفولة لجميع المواطنين. ولا يجوز القبض على أحد أو تفتيشه أو حجزه أو حبسه إلا وفق أحكام القانون. ولا يعرض أي انسان للتعذيب أو المعاملة الحاطة بالكرامة.

제27조

범죄와 형벌은 법률로 정한다. 그것을 규정한 법률의 공포가 있기 전(해당 법률이 공포되기 전)에 행해진 작위나 부작위에 대해서는 어떠한 처벌도 없다.

제28조

형벌은 개인별로 부과된다. 피고인은 공정하고 합법적인 재판에서 자신의 혐의가 증명될 때까지 무죄이다. 피고인은 재판을 받는 동안 자신을 변호할 능력을 가진 사람을 선임할 권리가 있다. 피고인을 방어하기 위한 변호인의 조력권은 법률로 정한다. 피고인을 육체적, 정신적으로 학대하는 것은 금지된다.

제29조

모든 시민에게 거주와 이전의 자유는 법률이 정한 범위 내에서 보장된다.

(مادة ٢٧)

يحدد القانون الجرائم والعقوبات. ولا عقوبة على ما تم من فعل أو ترك قبل صدور القانون الذي ينص عليها.

(مادة ٢٨)

العقوبة شخصية، والمتهم بريء حتى تثبت إدانته في محاكمة قانونية وعادلة، وللمتهم الحق في أن يوكل من يملك القدرة للدفاع عنه أثناء المحاكمة. ويبين القانون الأحوال التي يتعين فيها حضور محام عن المتهم. وإيذاء المتهم جسمانياً أو معنوياً محظور.

(مادة ٢٩)

حرية التنقل والإقامة مكفولة للمواطنين في حدود القانون.

제30조

말과 글, 기타 다른 수단을 통한 의사 표현의 자유는 법률이 정한 범위 내에서 보장된다.

제31조

우편, 전신, 기타 다른 통신의 자유와 비밀은 법률에 의해 보장된다.

제32조

기존 관습에 따라 종교의식을 행할 자유는 공공질서를 위반하지 않고 공중도덕에 위배되지 않는 한 보장된다.

제33조

집회 및 결사의 자유는 법률이 정한 범위 내에서 보장된다.

(مادة ٣٠)

حرية الرأي والتعبير عنه بالقول والكتابة، وسائر وسائل التعبير مكفولة في حدود القانون.

(مادة ٣١)

حرية المراسلات البريدية والبرقية وغيرها من وسائل الاتصال وسريتها مكفولتان وفقاً للقانون.

(مادة ٣٢)

حرية القيام بشعائر الدين طبقاً للعادات المرعية مصونة، على ألا يُخل ذلك بالنظام العام، أو ينافي الآداب العامة.

(مادة ٣٣)

حرية الاجتماع، وتكوين الجمعيات، مكفولة في حدود القانون.

제34조

모든 시민은 법 테두리 내에서 자신의 일자리, 직업, 전문직업을 선택할 자유를 가지며, 이러한 몇몇 직업과 전문직업에 대해 규정하고 있는 법규를 고려해야 한다. 법률이 명시하고 있는 예외적인 경우와 그것에 대한 보상조건이 없는 한, 어느 누구에게도 강제노동을 부과할 수 없다. 어떠한 사람도 노예 취급을 받는 것이 허용되지 않는다.

제35조

법규에 따라 동등한 조건의 토대 위에 공직의 문은 모든 시민에게 개방되어 있다. 공직은 그것을 수행하는 사람들에게 위임된 국가적 봉사이며, 공무원은 공익만을 목표로 하여 직무를 수행한다.

제36조

거주지는 신성하며, 법규와 법률에 정해진 상황이 아니고

(مادة ٣٤)

كل مواطن حر في اختيار عمله أو مهنته أو حرفته في حدود القانون، وبمراعاة التشريعات المنظمة لبعض هذه المهن والحرف. ولا يجوز فرض عمل إجباري على أحد إلا في الأحوال الاستثنائية التي ينص عليها القانون، وبشرط التعويض عنه. لا يجوز استعباد أي انسان.

(مادة ٣٥)

باب الوظائف العامة مفتوح لجميع المواطنين، على أساس المساواة بينهم في الظروف، ووفقاً لأحكام القانون. والوظائف العامة خدمة وطنية تناط بالقائمين بها. ويستهدف الموظف العام في أداء واجبات وظيفته المصلحة العامة وحدها.

(مادة ٣٦)

للمساكن حرمة فلا يجوز دخولها بغير إذن أهلها إلا وفق

서는 거주자의 허락 없이 들어갈 수 없다.

제37조

시민은 연방으로부터 격리되거나 추방되지 않는다.

제38조

시민과 정치적 난민들의 인도(引導)는 금지된다.

제39조

재산에 대한 일반몰수[17]는 금지된다. 법률이 정한 조건 하에 법원의 판결에 의한 경우를 제외하고는 개인의 재산에 대한 몰수형은 금지된다.

제40조

연방 내 외국인은 연방이 당사자가 되는 조약과 협정, 또는 기존의 국제헌장에서 결정한 권리와 자유를 향유하며,

أحكام القانون وفي الأحوال المحددة فيه.

(مادة ٣٧)

لا يجوز إبعاد المواطنين، أو نفيهم من الاتحاد.

(مادة ٣٨)

تسليم المواطنين، واللاجئين السياسيين، محظور.

(مادة ٣٩)

المصادرة العامة للأموال محظورة، ولا تكون عقوبة المصادرة
الخاصة إلا بناءً على حكم قضائي، وفي الأحوال المنصوص
عليها في القانون.

(مادة ٤٠)

يتمتع الأجانب في الاتحاد بالحقوق والحريات المقررة في
المواثيق الدولية المرعية، أو في المعاهدات والاتفاقيات التي

그들에게는 이에 상응하는 의무가 부과된다.

제41조

모든 사람은 이 부분(제3편)에 명시된 권리와 자유에 대한 침해와 관련하여 사법당국을 포함한 관계당국에 대하여 소를 제기할 수 있다.

제42조

법률이 정한 세금과 공과금의 납부는 모든 시민의 의무이다.

제43조

연방을 방위하는 것은 모든 시민의 신성한 의무이다. 병역의무의 이행은 시민에게 명예로운 것이며, 이는 법률로 정한다.[18]

يكون الاتحاد طرفاً فيها وعليهم الواجبات المقابلة لها.

(مادة ٤١)

لكل إنسان أن يتقدم بالشكوى إلى الجهات المختصة بما في ذلك الجهات القضائية من امتهان الحقوق والحريات المنصوص عليها في هذا الباب.

(مادة ٤٢)

أداء الضرائب والتكاليف العامة المقررة قانوناً، واجب على كل مواطن.

(مادة ٤٣)

الدفاع عن الاتحاد فرض مقدس على كل مواطن، وأداء الخدمة العسكرية شرف للمواطنين ينظمه القانون.

제44조

공권력으로부터 공포되고 집행되는 헌법, 법률, 명령에 대한 존중, 공공질서의 준수, 공중도덕의 존중은 모든 연방 거주민의 의무이다.

(مادة ٤٤)

احترام الدستور والقوانين والأوامر الصادرة من السلطات العامة تنفيذاً لها ومراعاة النظام العام واحترام الآداب العامة، واجب على جميع سكان الاتحاد.

제4편
연방 통치기구

제45조

연방의 통치기구는 다음과 같이 구성된다:

- 연방최고회의

- 연방대통령과 부통령

- 연방각료회의

- 연방국가평의회

- 연방사법부

الباب الرابع
السلطات الاتحادية

(مادة ٤٥)

تتكون السلطات الاتحادية من:

– المجلس الأعلى للاتحاد

– رئيس الاتحاد ونائبه

– مجلس وزراء الاتحاد

– المجلس الوطني الاتحادي

– القضاء الاتحادي

제1장

연방최고회의

제46조

연방최고회의는 연방의 최고 통치기구이다. 이 기구는 연방을 구성하는 모든 아미르국의 통치권자들로 구성되나, 그들이 부재하거나 참석할 수 없을 시에는 통치자들의 대리인으로 구성된다. 각 아미르국은 연방최고회의의 심의 (표결) 시 한 표를 갖는다.

제47조

연방최고회의는 다음과 같은 사항을 다룬다:

1. 이 헌법에 의하여 연방에 위임된 모든 사안들에 대한 공공정책 입안 및 연방의 목표와 아미르 회원국들의 공동이익 실현과 관련된 제반 사안 검토.

2. 연방의 연간 일반 예·결산법을 포함하여, 연방의 여러

الفصل الأول
المجلس الأعلى للاتحاد

(مادة ٤٦)

المجلس الأعلى للاتحاد هو السلطة العليا فيه. ويشكل من حكام جميع الإمارات المكونة للاتحاد، أو من يقوم مقامهم في إماراتهم، في حال غيابهم، أو تعذر حضورهم. لكل إمارة صوت واحد في مداولات المجلس.

(مادة ٤٧)

يتولى المجلس الأعلى للاتحاد الأمور التالية:

١ – رسم السياسة العامة في جميع المسائل الموكولة للاتحاد بمقتضى هذا الدستور والنظر في كل ما من شأنه أن يحقق أهداف الاتحاد والمصالح المشتركة للإمارات الأعضاء.

٢ – التصديق على القوانين الاتحادية المختلفة قبل إصدارها بما في ذلك قوانين الميزانية العامة السنوية للاتحاد والحساب

법률들이 공포되기 전 이에 대한 동의.[19]

3. 연방대통령이 칙령을 공포하기 전, 연방최고회의의 승인이나 동의를 필요로 할 시, 이 헌법의 규정에 의하여 이에 예속된 문제들과 관련된 칙령의 동의.

4. 국제 조약과 협정에 대한 비준, 이에 대한 비준은 칙령으로 이루어짐.

5. 연방대통령의 제청에 따른 연방각료회의 의장 임명, 사표수리와 면직에 대한 승인.

6. 헌법에 명시된 상황에서 연방대법원장과 법관들의 임명, 사표수리와 해임에 대한 승인.

7. 일반적인 연방업무에 대한 최고 감찰.

8. 이 헌법과 연방법에 명시된 기타 업무.

الختامي.

٣- التصديق على المراسيم المتعلقة بأمور خاضعة بمقتضى أحكام هذا الدستور لتصديق أو موافقة المجلس الأعلى، وذلك قبل إصدار هذه المراسيم من رئيس الاتحاد.

٤- التصديق على المعاهدات والاتفاقيات الدولية، ويتم هذا التصديق بمرسوم.

٥- الموافقة على تعيين رئيس مجلس وزراء الاتحاد وقبول استقالته وإعفائه من منصبه بناءً على اقتراح رئيس الاتحاد.

٦- الموافقة على تعيين رئيس وقضاة المحكمة الاتحادية العليا وقبول استقالاتهم وفصلهم في الأحوال التي ينص عليها هذا الدستور، ويتم كل ذلك بمراسيم.

٧- الرقابة العليا على شؤون الاتحاد بوجه عام.

٨- أية اختصاصات أخرى منصوص عليها في هذا الدستور أو في القوانين الاتحادية.

제48조

1. 연방최고회의는 업무진행체계와 의사결정에 대한 투표 방식을 포함한 내규를 정한다. 이 연방최고회의의 심의는 비밀에 부친다.

2. 연방최고회의는 사무국을 설치하며, 사무국의 업무수행을 지원할 충분한 수의 직원을 충원한다.

제49조

상정된 사안에 대한 연방최고회의의 결정은 회원국들 중 5개 회원국 다수로 공포된다. 이 다수에는 아부다비와 두바이의 두 표가 반드시 포함되어야 한다. 소수는 위에 언급된 다수의 견해를 따른다. 다만 절차에 관한 안건은 연방최고회의 다수결로 결정되며, 이는 연방최고회의의 내규로써 이 사안들을 정한다.

(مادة ٤٨)

١– يضع المجلس الأعلى لائحته الداخلية متضمنة نظام سير العمل فيه، وطريقة التصويت على قراراته. ومداولات المجلس سرية.

٢– ينشئ المجلس الأعلى أمانة عامة له تزود بعدد كاف من الموظفين لمعاونته على أداء أعماله.

(مادة ٤٩)

تصدر قرارات المجلس الأعلى في المسائل الموضوعية بأغلبية خمسة أعضاء من أعضائه على أن تشمل هذه الأغلبية صوتي إمارتي أبوظبي ودبي. وتلتزم الأقلية برأي الأغلبية المذكورة. أما قرارات المجلس في المسائل الإجرائية فتصدر بأغلبية الأصوات. وتحدد اللائحة الداخلية للمجلس هذه المسائل.

제50조

연방최고회의 회의는 연방 수도에서 개최되며, 사전에 합의된 어떠한 장소에서도 개최될 수 있다.

(مادة ٥٠)

يعقد المجلس الأعلى اجتماعاته في عاصمة الاتحاد. ويجوز أن ينعقد في أي مكان آخر يتم الاتفاق عليه مسبقاً.

제2장

연방대통령과 부통령

제51조

연방최고회의는 회원국들 가운데서 연방대통령[20]과 부통령[21]을 선출하며, 연방부통령은 어떤 사유로 대통령이 부재할 경우에 대통령의 모든 권한을 대행한다.

제52조

대통령과 부통령의 임기는 서력으로 5년이며, 동일한 직책에 재선이 허용된다. 그들 각각은 자신의 직책상의 임무를 맡을 때에 연방최고회의 앞에서 다음과 같이 선서한다:
(나는 아랍에미리트 연방을 위해 충성을 다하고, 연방 헌법과 법률을 준수하며 연방 국민의 이익을 보호하고, 성실과 충성을 다하여 본인의 의무를 수행하며, 연방의 독립과

الفصل الثاني
رئيس الاتحاد ونائبه

(مادة ٥١)

ينتخب المجلس الأعلى للاتحاد، من بين أعضائه، رئيساً للاتحاد ونائباً لرئيس الاتحاد. ويمارس نائب رئيس الاتحاد جميع اختصاصات الرئيس عند غيابه لأي سبب من الأسباب.

(مادة ٥٢)

مدة الرئيس ونائبه خمس سنوات ميلادية. ويجوز إعادة انتخابهما لذات المنصب. يؤدي كل منهما عند توليه أعباء منصبه اليمين التالية أمام المجلس الأعلى:

(أقسم بالله العظيم أن أكون مخلصاً للإمارات العربية المتحدة وأن أحترم دستورها وقوانينها وأن أرعى مصالح شعب الاتحاد، وأن أؤدي واجبي بأمانة وإخلاص وأحافظ

영토의 안전을 지킬 것을 위대한 알라께 맹세합니다.)

제53조

대통령과 부통령 중 누구든 사망, 사임 또는 그들의 아미
르국에서 어떠한 사유로 통치가 종료되어 그 직이 궐위된
경우, 연방최고회의는 이 헌법 제52조에 명시된 기간(서
력 5년)에 (잔여기간을 채우기 위해) 그 날(공석일)로 부
터 한 달 이내에 후임자 선출을 위한 회의를 소집한다.

연방최고회의의 의장과 부의장이 동시에 궐위 시, (연방최
고회의) 위원 중 한 명이나 연방각료회의 의장의 요청으
로[22] 두 공석을 메우기 위하여 연방최고회의는 즉시 소집
되어 새로운 의장과 부의장을 선출한다.

제54조

연방대통령은 다음의 권한을 행사한다:

1. 연방최고회의를 주재하고 토의를 진행한다.

على استقلال الاتحاد وسلامة أراضيه.)

(مادة ٥٣)

عند خلو منصب الرئيس أو نائبه بالوفاة أو الاستقالة أو انتهاء حكم أي منهما في إمارته لسبب من الأسباب، يدعى المجلس الأعلى خلال شهر من ذلك التاريخ للاجتماع، لانتخاب خلف لشغل المنصب الشاغر للمدة المنصوص عليها في المادة (٥٢) من هذا الدستور، وعند خلو منصبي رئيس المجلس الأعلى ونائبه معاً، يجتمع المجلس فوراً بدعوة من أي من أعضائه، أو من رئيس مجلس وزراء الاتحاد، لانتخاب رئيس ونائب رئيس جديدين لملء المنصبين الشاغرين.

(مادة ٥٤)

يباشر رئيس الاتحاد الاختصاصات التالية:

١ – يرأس المجلس الأعلى، ويدير مناقشاته.

2. 연방최고회의가 내규로 정하는 절차규정에 따라 (대통령은) 연방최고회의 회의를 소집하고, 그 회의를 종료한다. 연방최고회의 위원 중 한 명의 요청이 있을 시에는, (대통령은) 연방최고회의 회의를 소집해야 한다.

3. 필요 시에는 언제나 연방최고회의와 각료회의를 공동으로 소집한다.

4. 연방최고회의가 승인한 연방의 법률, 칙령, 의결에 서명하고 이를 공포한다.

5. 연방각료회의 의장을 임명하고 사임을 수리하며, 연방최고회의의 동의를 받아 그를 직책에서 해임한다. 연방각료회의 부의장과 장관들을 임명하고 사임을 수리하며, 연방각료회의 의장의 제청에 의거해 그들을 직책에서 해임한다.

6. 해외 주재 연방외교대표와 그 밖의 연방고위공무원에 민간과 군인을 임명하고 (연방최고법원장과 법관 제외) 사임을 수리하며, 연방각료회의 동의에 의거해 그들을 해

٢ – يدعو المجلس الأعلى للاجتماع، ويفض اجتماعاته، وفقاً للقواعد الإجرائية التي يقررها المجلس في لائحته الداخلية. ويجب دعوة المجلس للاجتماع متى طلب ذلك أحد أعضائه.

٣ – يدعو لاجتماع مشترك بين المجلس الأعلى ومجلس وزراء الاتحاد كلما اقتضت الضرورة ذلك.

٤ – يوقع القوانين والمراسيم والقرارات الاتحادية التي يصدق عليها المجلس الأعلى، يصدرها.

٥ – يعين رئيس مجلس وزراء الاتحاد ويقبل استقالته ويعفيه من منصبه بموافقة المجلس الأعلى. كما يعين نواب رئيس مجلس وزراء الاتحاد والوزراء ويقبل استقالاتهم ويعفيهم من مناصبهم بناءً على اقتراح رئيس مجلس وزراء الاتحاد.

٦ – يعين الممثلين الدبلوماسيين للاتحاد لدى الدول الأجنبية وغيرهم من كبار الموظفين الاتحاديين المدنيين والعسكريين (باستثناء رئيس وقضاة المحكمة الاتحادية العليا) ويقبل استقالاتهم ويعزلهم بناءً على موافقة مجلس وزراء

임한다. 이러한 임명과 사임 및 해임에 대한 수용은 연방법에 의거해 칙령으로 이루어진다.

7. 외국 및 국제기구 주재 연방외교대표(대사)의 신임장에 서명하고, 연방 주재 외국의 외교대표들(대사)과 영사대표들(총영사)의 신임을 수락하며 이들의 신임장을 제정 받는다. 또한 외국 외교대표들의 임명장과 신임장에 서명한다.[23]

8. 연방각료회의와 관할 장관들을 통하여 연방의 법률, 칙령, 의결의 집행을 감독한다.

9. 국내, 기타 국가, 모든 국제관계에 있어 연방을 대표한다.

10. 사면권과 감형권을 행사하며, 헌법 규정과 연방법에 의거해 사형선고를 승인한다.

11. 훈·포장 관련 법률에 의거해 군인과 민간에게 영예 훈·포장을 수여한다.

12. 연방최고회의가 부여하는 여타 권한이나, 이 헌법과 연방법의 규정에 의거해 그에게 부여된 권한을 행사한다.

الاتحاد. ويتم هذا التعيين أو قبول الاستقالة أو العزل بمراسيم وطبقاً للقوانين الاتحادية.

٧- يوقع أوراق اعتماد الممثلين الدبلوماسيين للاتحاد لدى الدول والهيئات الأجنبية ويقبل اعتماد الممثلين الدبلوماسيين والقنصليين للدول الأجنبية لدى الاتحاد ويتلقى أوراق اعتمادهم. كما يوقع وثائق تعيين وبراءات اعتماد الممثلين.

٨- يشرف على تنفيذ القوانين والمراسيم والقرارات الاتحادية بواسطة مجلس وزراء الاتحاد والوزراء المختصين.

٩- يمثل الاتحاد في الداخل وتجاه الدول الأخرى، وفي جميع العلاقات الدولية.

١٠- يمارس حق العفو أو تخفيف العقوبة ويصادق على أحكام الإعدام، وفقاً لأحكام الدستور والقوانين الاتحادية.

١١- يمنح أوسمة وأنواط الشرف العسكرية والمدنية، وفقاً للقوانين الخاصة بهذه الأوسمة والأنواط.

١٢- أية اختصاصات أخرى يخوله إياها المجلس الأعلى أو تخول له بمقتضى أحكام هذا الدستور أو القوانين الاتحادية.

제3장

연방각료회의

제55조

연방각료회의는 각료회의 의장, 부의장, 다수의 각료로 구성된다.[24]

제56조

장관은 능력과 경험이 입증된 연방 시민 가운데서 선출된다.

제57조

각료회의 의장, 부의장, 각료들은 그들의 직무를 시작하기 전에 연방대통령 앞에서 다음과 같이 선서한다:

(나는 아랍에미리트 연방을 위해 충성을 다하고, 연방 헌법과 법률을 준수하며 나의 의무를 성실하게 다할 것이고,

الفصل الثالث
مجلس وزراء الاتحاد

(مادة ٥٥)

يتكون مجلس الوزراء الاتحادي من رئيس مجلس الوزراء ونوابه وعدد من الوزراء.

(مادة ٥٦)

يكون اختيار الوزراء من بين مواطني الاتحاد المشهود لهم بالكفاءة والخبرة.

(مادة ٥٧)

يؤدي رئيس مجلس الوزراء ونوابه والوزراء، قبل مباشرة أعباء مناصبهم أمام رئيس الاتحاد اليمين التالية:

(أقسم بالله العظيم أن أكون مخلصاً للإمارات العربية المتحدة وأن أحترم دستور الاتحاد وقوانينه، وأن أؤدي

연방 국민의 이익을 완벽하게 보살필 것이며, 연방의 존속과 영토의 안전을 완벽하게 수호할 것을 위대한 알라께 맹세합니다.)

제58조

(행정)각부의 권한과 모든 장관의 직권은 법률로 정하고, 연방의 초대 각료회의는 다음의 각부들로 구성된다:

1. 외교부

2. 내무부

3. 국방부

4. 재무·경제·산업부

5. 법무부

6. 교육부

7. 공공보건부

8. 공공사업·농업부

9. 통신·우편·전신·전화부

واجباتي بالأمانة وأن أرعى مصالح شعب الاتحاد رعاية كاملة، وأن أحافظ محافظة تامة على كيان الاتحاد وسلامة أراضيه.)

(مادة ٥٨)

- يحدد القانون اختصاصات الوزارات وصلاحيات كل وزير. ويشمل أول مجلس وزراء اتحادي الوزارات التالية:

١ – الخارجية

٢ – الداخلية

٣ – الدفـــاع

٤ – المالية والاقتصاد والصناعة

٥ – العـــدل

٦ – التربية والتعليم

٧ – الصحة العامة

٨ – الأشغال العامة والزراعة

٩ – المواصلات والبريد والبرق والهاتف

10. 노동·사회부

11. 공보부

12. 기획부

제59조

각료회의 의장은 각료회의 의장직을 맡아서 회의를 소집하고 토의를 주재하며, 장관들의 활동을 지휘·감독하고 각부 간, 연방의 모든 집행기관 간의 업무조정을 관장한다. 어떤 사유로 인해 각료회의 의장이 부재할 시에는 각료회의 의장의 제청과 연방대통령의 위임을 받아 각료회의 부의장들 중 한 명이 의장의 모든 권한을 행사한다.

제60조

각료회의는 연방의 집행기구로서 연방대통령과 연방최고회의의 감독 하에 이 헌법과 연방법에 의거해 연방과 관련한 국내 · 외 모든 업무의 처리를 담당한다. 각료회의는

١٠ – العمل والشؤون الاجتماعية

١١ – الإعلام

١٢ – التخطيط

(مادة ٥٩)

يتولى رئيس مجلس الوزراء رئاسة جلسات المجلس، ويدعوه للانعقاد ويدير مناقشاته ويتابع نشاط الوزراء، ويشرف على تنسيق العمل بين الوزارات المختلفة وفي كافة الأجهزة التنفيذية للاتحاد. ويمارس أحد نواب رئيس الوزراء جميع سلطات الرئيس عند غيابه لأي سبب من الأسباب بتكليف من رئيس الاتحاد بناء على توصية رئيس مجلس الوزراء.

(مادة ٦٠)

يتولى مجلس الوزراء، بوصفه الهيئة التنفيذية للاتحاد وتحت الرقابة العليا لرئيس الاتحاد وللمجلس الأعلى، تصريف جميع الشؤون الداخلية والخارجية التي يختص بها الاتحاد

특히 다음의 권한을 행사한다:

1. 연방정부의 국내·외 공공정책의 집행에 대한 관리.

2. 연방 법률안의 작성과 연방국가평의회로의 제출은 연방최고회의에 제출되어 승인 받기 위해 대통령에게 회부되기 전에 이루어져야 한다.

3. 연방의 연간 일반예산과 결산안의 준비.

4. 여러 칙령과 결의안의 준비.

5. 연방법의 집행을 위해 필요한 규칙을 제정할 수 있으나 연방법의 개정, 무효화, 집행을 면제할 권한은 없다. 이 헌법과 연방법의 규정 내에서 경찰 관련 규칙, 그 밖의 공공복리 및 행정절차와 관련된 규칙을 제정한다. 법률이나 각료회의의 별도 규정에 의해 관할 연방장관 혹은 여타 행정기관에 이러한 몇몇 규칙을 공포하는 일이 위임될 수 있다.

6. 연방 혹은 아미르국들과 관련된 모든 기관을 통하여 연방의 법률, 칙령, 규칙, 의결의 집행에 대한 감독.

بموجب هذا الدستور والقوانين الاتحادية. ويمارس مجلس الوزراء بوجه خاص، الاختصاصات التالية:

١ – متابعة تنفيذ السياسة العامة لحكومة الاتحاد في الداخل والخارج.

٢ – اقتراح مشروعات القوانين الاتحادية وإحالتها إلى المجلس الوطني الاتحادي قبل رفعها إلى رئيس الاتحاد لعرضها على المجلس الأعلى للتصديق عليها.

٣ – إعداد مشروع الميزانية السنوية العامة للاتحاد، والحساب الختامي.

٤ – إعداد مشروعات المراسيم والقرارات المختلفة.

٥ – وضع اللوائح اللازمة لتنفيذ القوانين الاتحادية بما ليس فيه تعديل أو تعطيل لها أو اعفاء من تنفيذها، وكذلك لوائح الضبط، واللوائح الخاصة بترتيب الإدارات والمصالح العامة، في حدود أحكام هذا الدستور والقوانين الاتحادية. ويجوز بنص خاص في القانون، أو لمجلس الوزراء، تكليف الوزير الاتحادي المختص أو أية جهة ادارية أخرى، في

7. 연방법원의 판결과 연방이 체결한 국제 조약과 협정에 대한 집행의 감독.

8. 임명이나 해임이 칙령의 공포를 필요로 하지 않는 자 가운데서 법규에 따른 연방공무원의 임명과 해임.

9. 행정절차, 연방의 공공복리, 연방공무원의 품행과 기율에 대한 전반적인 감독.

10. 법률과 연방최고회의가 이 헌법의 테두리 내에서 부여하는 기타 권한.

제61조

각료회의의 토의는 비공개이며, 위원회의 결의는 전 위원의 과반수로 공포된다. 표결이 동수일 경우 각료회의 의장이 속한 측을 따른다. 소수는 다수의 의견을 따른다.

إصدار بعض هذه اللوائح.

٦- الإشراف على تنفيذ القوانين والمراسيم واللوائح والقرارات الاتحادية بواسطة كافة الجهات المعنية في الاتحاد أو الإمارات.

٧- الإشراف على تنفيذ أحكام المحاكم الاتحادية، والمعاهدات والاتفاقيات الدولية التي يبرمها الاتحاد.

٨- تعيين وعزل الموظفين الاتحاديين، وفقاً لأحكام القانون، ممن لا يتطلب تعيينهم أو عزلهم إصدار مراسيم بذلك.

٩- مراقبة سير الإدارات والمصالح العامة الاتحادية، ومسلك وانضباط موظفي الاتحاد عموماً.

١٠- أية اختصاصات أخرى يخوله إياها القانون، أو المجلس الأعلى، في حدود هذا الدستور.

(مادة ٦١)

مداولات مجلس الوزراء سرية وتصدر قراراته بأغلبية جميع أعضائه وعند تساوي الأصوات يرجح الجانب الذي فيه الرئيس. وتلتزم الأقلية برأي الأغلبية.

제62조

각료회의 의장, 부의장, 연방장관은 재임 기간 중 어떠한 전문직업, 상업이나 금융 관련업에 종사할 수 없다. (이들에게는) 연방정부, 각 아미르국 정부와의 상거래에 개입하는 것이나, 어느 아미르국에서라도 하나 이상의 공직을 겸하는 것은 불가하다.

제63조

각료회의 위원들은 활동할 때에 연방의 이익, 공공복리의 증진을 추구해야 하며, 전적으로 개인의 이익을 단념해야 한다. 그들의 이익을 위해서나 그들과 특별한 관계가 있는 사람들의 이익을 위해서 어떠한 형태로든 공직을 이용해서는 안 된다.

제64조

각료회의 의장과 각료들은 연방대통령과 연방최고회의 앞

(مادة ٦٢)

لا يجوز لرئيس مجلس الوزراء أو لنوابه أو لأي وزير اتحادي، أثناء توليه منصبه، أن يزاول أي عمل مهني أو تجاري أو مالي، أو أن يدخل في معاملة تجارية مع حكومة الاتحاد أو حكومات الإمارات، أو أن يجمع الى منصبه أكثر من منصب رسمي واحد في حكومة إحدى الإمارات.

(مادة ٦٣)

على أعضاء مجلس الوزراء أن يستهدفوا بسلوكهم مصالح الاتحاد وإعلاء كلمة الصالح العام وإنكار المصالح الذاتية إنكاراً كلياً وألا يستغلوا مراكزهم الرسمية بأية صورة كانت لفائدتهم أو لفائدة من تصلهم به علاقة خاصة.

(مادة ٦٤)

رئيس مجلس الوزراء ونوابه الوزراء مسؤولون سياسياً

에서 연방의 국내·외 일반정책 집행에 대하여 정치적으로 공동 연대책임을 진다. 그들 개개인은 연방대통령과 연방최고회의 앞에서 그들 부처의 업무와 그의 직무에 대하여 개인적으로 책임을 진다. 각료회의 의장의 사임이나 면직, 그의 사망, 어떤 이유로 인해 그가 궐위된 때에는 전체 내각의 사임으로 이어진다(전체 내각은 사임해야 한다). 연방대통령은 새로운 내각이 구성될 때까지 긴급한 업무 처리를 위하여 각료들에게 일시적으로 그들의 직책 유임을 요구할 수 있다.

제65조

각료회의는 매 회계연도[25] 시작 시, 연방대통령이 연방최고회의에 상정할 수 있도록 국내에서 행해진 업적, 연방과 기타 국가들 및 국제기구와의 관계에 관한 상세한 보고서를 대통령에게 제출한다. 이 보고서는 연방의 초석 강화, 연방의 안보와 안전의 공고화, 모든 분야에서 연방의 목표

بالتضامن أمام رئيس الاتحاد والمجلس الأعلى للاتحاد عن تنفيذ السياسة العامة للاتحاد في الداخل والخارج. وكل منهم مسؤول شخصياً أمام رئيس الاتحاد والمجلس الأعلى عن أعمال وزارته أو منصبه. تؤدي استقالة رئيس مجلس الوزراء، أو إعفاؤه من منصبه، أو وفاته، أو خلو منصبه لأي سبب من الأسباب إلى استقالة الوزارة بكاملها. ولرئيس الاتحاد أن يطلب إلى الوزراء البقاء في مناصبهم مؤقتاً، لتصريف العاجل من الأمور إلى حين تشكيل الوزارة الجديدة.

(مادة ٦٥)

يقدم مجلس الوزراء إلى رئيس الاتحاد لعرضه على المجلس الأعلى، في بداية كل سنة مالية تقريراً مفصلاً عن الأعمال التي أنجزت في الداخل، وعن علاقات الاتحاد بالدول الأخرى والمنظمات الدولية، مقروناً بتوصيات الوزارة عن أفضل الوسائل الكفيلة بتوطيد أركان الاتحاد

와 발전을 달성하기 위하여 가장 효과적인 수단에 관한 내각의 추천서(의견)를 포함한다.

제66조

1. 각료회의는 업무 절차규정을 포함하는 내규를 정한다.

2. 각료회의는 업무수행에 도움을 줄 다수의 공무원들로 구성되는 사무국을 설립한다.

제67조

각료회의 의장, 부의장, 기타 각료들의 급여는 법률로 정한다.

وتعزيز أمنه واستقراره، وتحقيق أهدافه وتقدمه في كافة الميادين.

(مادة ٦٦)

١ – يضع مجلس الوزراء لائحته الداخلية متضمنة نظام سير العمل فيه.

٢ – ينشئ مجلس الوزراء أمانة عامة له تزود بعدد من الموظفين لمعاونته على أداء أعماله.

(مادة ٦٧)

يعين القانون مرتبات رئيس مجلس الوزراء ونوابه وسائر الوزراء.

제4장
연방국가평의회

제1절 총칙

제68조

연방국가평의회는 40명의 의원으로 구성되며, 평의회의 의석 수는 다음과 같이 아미르 회원국들에게 배분된다: [26]

아부다비 8석

두바이 8석

샤르자 6석

라으스 알카이마 6석

아즈만 4석

움무 알꾸와인 4석

후자이라 4석

الفصل الرابع
المجلس الوطني الاتحادي

الفــــرع الأول أحكام عامة

(مادة ٦٨)

يشكل المجلس الوطني الاتحادي من ٤٠ عضواً (١) ويوزع عدد مقاعد المجلس على الإمارات الأعضاء كما يلي:

أبو ظبي ٨ مقاعد

دبي ٨ مقاعد

الشارقة ٦ مقاعد

رأس الخيمة ٦ مقاعد

عجمان ٤ مقاعد

أم القيوين ٤ مقاعد

الفجيرة ٤ مقاعد

제69조

각 아미르국은 연방국가평의회에서 각 아미르국을 대표할 시민의 선출방식을 자유롭게 결정할 수 있다.

제70조

연방국가평의회 의원은 다음과 같은 자격을 갖추어야 한다:

1. 연방 아미르국 중 어느 한 아미르국의 시민으로서 평의회에서 그가 대표하는 아미르국에 상주하는 자여야 한다.

2. 선출 시 연령은 서력으로 25세 이상이어야 한다.[27]

3. 시민의 자질, 칭송 받을 품행, 좋은 평판을 지녀야 한다. 범죄로 인해 실형을 받지 않았어야 하며, 실형을 받았을 경우 법률에 따라 복권되었어야 한다.

4. 읽고 쓸 수 있는 충분한 학식을 갖추고 있어야 한다.[28]

(مادة ٦٩)

يترك لكل إمارة تحديد طريقة اختيار المواطنين الذين يمثلوها في المجلس الوطني الاتحادي.

(مادة ٧٠)

يشترط في عضو المجلس الوطني الاتحادي:

١ – أن يكون من مواطني إحدى إمارات الاتحاد، ومقيماً بصفة دائمة في الإمارة التي يمثلها في المجلس.

٢ – لا تقل سنه عند اختياره عن خمس وعشرين سنة ميلادية.

٣ – أن يكون متمتعاً بالأهلية المدنية محمود السيرة، حسن السمعة، لم يسبق الحكم عليه في جريمة مخلة بالشرف، ما لم يكن قد رد اليه اعتباره طبقاً للقانون.

٤ – أن يكون لديه إلمام كاف بالقراءة والكتابة.

제71조

(연방국가평의회 의원은) 내각의 직책을 포함하여 연방의 어떠한 공직과 연방국가평의회 의원직을 겸할 수 없다.

제72조

연방국가평의회 의원직의 임기는 서력으로 4년이며, 첫 번째 회의의 시작일로부터 의원직의 임기는 시작된다.

제73조

연방국가평의회 의원은 연방국가평의회와 위원회들에서 직무를 시작하기 전에 연방국가평의회의 공개 회기에서 다음과 같이 선서한다: [29]

(나는 아랍에미리트 연방을 위해 충성을 다할 것이며, 연방의 헌법과 법률을 준수하고, 연방국가평의회와 그 위원회들에서 정직과 성실로 직무를 수행할 것을 위대한 알라께 맹세합니다.)

(مادة ٧١)

لا يجوز الجمع بين عضوية المجلس الوطني الاتحادي وأية وظيفة من الوظائف العامة في الاتحاد بما في ذلك المناصب الوزاري.

(مادة ٧٢)

مدة العضوية في المجلس أربع سنوات ميلادية، تبدأ من تاريخ أول اجتماع له.

(مادة ٧٣)

قبل أن يباشر عضو المجلس الوطني الاتحادي أعماله، في المجلس ولجانه يؤدي أمام المجلس في جلسة علنية اليمين التالية:

(أقسم بالله العظيم أن أكون مخلصاً للإمارات العربية المتحدة وأن أحترم دستور الاتحاد وقوانينه، وأن أؤدي أعمالي في المجلس ولجانه بأمانة وصدق.)

제74조

어떤 이유로 인해 연방국가평의회의 의원들 가운데 한 의석이 임기가 종료되기 전에 공석이 발생하고, 그 공석이 연방국가평의회의 임기 만료일로부터 3개월 이상 남았을 경우, 연방국가평의회는 공석을 공포한 날로부터 두 달 이내에 후임자를 선출하며, 새 의원이 전임자의 의원직 임기를 채우도록 한다.

제75조

연방국가평의회는 연방의 수도에서 회의를 개최한다. 예외적으로 연방 내의 다른 장소에서 회의를 개최할 수 있으며, 이는 연방국가평의회가 전체 의원들의 과반수 의결과 각료회의의 승인을 얻어 결정한다.

제76조

의원들이 의원 자격 조건들 중 하나를 상실할 경우, 연방

(مادة ٧٤)

إذا خلا محل أحد أعضاء المجلس قبل نهاية مدة عضويته لسبب من الأسباب فيجري اختيار بدل خلال شهرين من تاريخ إعلان المجلس هذا الخلو، ما لم يقع الخلو خلال الأشهر الثلاثة السابقة على نهاية مدة المجلس. ويكمل العضو الجديد مدة عضوية سلفه.

(مادة ٧٥)

يعقد المجلس جلساته في مقر عاصمة الاتحاد، ويجوز استثناءً أن ينعقد في أي مكان آخر داخل الاتحاد، بناءً على قرار يتخذه المجلس بأغلبية أصوات أعضائه جميعاً وبموافقة مجلس الوزراء.

(مادة ٧٦)

يفصل المجلس في صحة نيابة أعضائه، وفي إسقاط العضوية

국가평의회는 그 의원의 대표성의 타당성과 의원직 박탈에 대해 결정하며, 이는 의원 5명의 발의와 전체 의원의 과반수 의결에 따른다. 연방국가평의회는 의원직의 사임을 수리하고, 연방국가평의회가 수리하는 날로부터 사임은 최종적인 것으로 본다.

제77조

연방(국가)평의회의 의원은 연방국가평의회 내에서 자신이 대표하는 아미르국 만을 대표하는 것이 아니며, 연방국민 모두를 대표한다.

제2절 연방국가평의회 업무체제

제78조

연방국가평의회는 7개월 이상 매년 정기회를 개최한다.

عنهم إذا فقدوا أحد شروطها وذلك بأغلبية جميع أعضائه بناءً على اقتراح خمسة منهم. وهو المختص بقبول الاستقالة من العضوية، وتعتبر الاستقالة نهائية من تاريخ قبول المجلس لها.

(مادة ٧٧)

عضو المجلس الاتحادي ينوب عن شعب الاتحاد جميعه، وليس فقط عن الإمارة التي يمثلها داخل المجلس.

الفرع الثاني نظام العمل في المجلس

(مادة ٧٨)

يعقد المجلس دورة عادية سنوية لا تقل مدتها عن سبعة

정기회는 매년 10월 셋째 주에 개회한다. 필요할 경우 임시회를 개최할 수 있다. 연방국가평의회는 임시회 소집 시의 안건 이외에는 어떠한 의제도 다루는 것이 허용되지 않는다.

제79조

연방국가평의회의 집회와 회기의 종료는 연방대통령이 연방각료회의의 동의를 받아 공포한 칙령에 따르며, 공식적인 개최 요청 없이 연방국가평의회가 개최한 모든 회의, 회의 개최를 위해 법률로 정해진 장소가 아닌 곳에서 개최되는 모든 회의는 헌법에 따라 무효로 보며 그에 대한 어떠한 효력도 가지지 못한다.

연방국가평의회가 11월 셋째 주 이전에 정기회를 소집하지 않는다면, 위에 언급된 달(11월)의 21일에 자동적으로 개최된다.

شهور، تبدأ في الأسبوع الثالث من شهر أكتوبر من كل عام، وينمكن دعوته للانعقاد في دور غير عادي عند قيام المقتضى، ولا يجوز للمجلس في دور الانعقاد غير العادي أن ينظر في غير الأمور التي دعي من أجلها.

(مادة ٧٩)

تكون دعوة المجلس للانعقاد، وفض الدورة "بمرسوم" يصدره رئيس الاتحاد بموافقة مجلس وزراء الاتحاد، وكل اجتماع يعقده المجلس بدون دعوة رسمية للانعقاد، أو في غير المكان القانوني المقرر لعقد اجتماعاته بموجب هذا الدستور يعتبر باطلاً ولا يترتب عليه أي أثر. ومع ذلك إذا لم يدع المجلس للانعقاد لدورته العادية السنوية قبل الأسبوع الثالث من نوفمبر، انعقد من تلقاء نفسه في الحادي والعشرين من الشهر المذكور.

제80조

연방대통령은 연방국가평의회의 정기회를 개회하고, 국정 현황과 당해 연도에 발생한 가장 중요한 사건과 문제들, 새 회기(새 회계연도) 동안 연방정부가 이행하기로 결정한 계획과 개혁을 포함하는 연설을 행한다.

대통령은 개회와 연설을 부통령이나 연방각료회의 의장에게 위임할 수 있다. 연방국가평의회는 평의회와 사무국의 의견을 포함한 개회연설의 답변서를 준비하기 위해 평의회 의원들로 구성된 위원회를 선출할 수 있다. 이 답변서는 연방최고회의가 회람하도록 연방국가평의회의 승인을 받은 후 연방대통령에게 제출된다.

제81조

연방국가평의회 의원들은 연방국가평의회나 위원회 내에서 직무수행 중 표명한 견해와 의견에 대해 면책을 받는다.

(مادة ٨٠)

يفتتح رئيس الاتحاد الدور العادي السنوي للمجلس، ويلقي فيه خطاباً يتضمن بيان أحوال البلاد، وأهم الأحداث والشؤون الهامة التي جرت خلال العام، وما تعتزم حكومة الاتحاد إجراءه من مشروعات وإصلاحات خلال الدورة الجديدة. ولرئيس الاتحاد أن ينيب عنه في الافتتاح، أو في إلقاء الخطاب، نائبه أو رئيس مجلس وزراء الاتحاد. وعلى المجلس الاتحادي أن يختار لجنة من بين أعضائه لإعداد مشروع الرد على خطاب الافتتاح، متضمناً ملاحظات المجلس وأمانيه، ويرفع الرد بعد إقراره من المجلس إلى رئيس الاتحاد، لعرضه على المجلس الأعلى.

(مادة ٨١)

لا يؤاخذ أعضاء المجلس عما يبدونه من الأفكار والآراء في أثناء قيامهم بعملهم داخل المجلس أو لجانه.

제82조

현행범의 경우를 제외하고는 연방국가평의회 회기 중 허가 없이 의원들에 대해 어떠한 형사절차를 취하는 것도 허용되지 않는다. 회기 중이 아닌 때에 이러한 절차가 취해졌을 경우에는 연방국가평의회에 통보해야 한다.

제83조

연방국가평의회 의장과 나머지 의원들은 연방국가평의회에서 선서한 날로부터 법률이 정한 보수와 거주지로부터 연방국가평의회 회의 장소까지 이동하는 데 드는 여비를 받는다.

제84조

연방국가평의회는 사무위원회를 두며, 사무위원회는 연방국가평의회 의원들 가운데서 연방국가평의회가 선출하는 의장, 제1부의장, 제2부의장, 2인의 감사로 구성된다. 의장과 부의장 2인의 임기는 제88조 제2항 규칙에 따라 연방

(مادة ٨٢)

لا يجوز أثناء انعقاد المجلس، وفي غير حالة التلبس بالجريمة أن تتخذ أية إجراءات جزائية ضد أي من أعضائه، إلا بإذن المجلس، وفي حالة اتخاذ مثل هذه الإجراءات في غيبة المجلس يجب إخطاره بها.

(مادة ٨٣)

يستحق رئيس المجلس وسائر أعضائه من تاريخ حلف اليمين أمام المجلس مكافأة يحددها القانون، وبدل انتقال من محال إقامتهم إلى مقر اجتماعات المجلس.

(مادة ٨٤)

يكون للمجلس هيئة مكتب تشكل من رئيس ونائب أول ونائب ثان، ومن مراقبين اثنين يختارهم المجلس جميعاً من بين أعضائه. وتنتهي مدة كل من الرئيس ونائبيه بانتهاء مدة المجلس أو بحله وفقاً لأحكام الفقرة الثانية من المادة

국가평의회 임기 종료 혹은 해산과 더불어 종료된다.

차기 연례 정기회의 회기가 시작되어 2인의 신임 감사가 선출되면 감사 2인의 임기는 종료된다. 사무위원회의 직책 중 한 자리가 공석이 되면 연방국가평의회는 잔여 임기를 담당할 사람을 선출한다.

제85조

연방국가평의회는 사무총장을 수장으로 하는 사무국을 두며,[30] 그의 권한은 내규로 정한다. 연방국가평의회는 내규안의 제정을 담당한다. 내규는 연방최고회의의 동의에 따라 연방대통령의 결의로 공포된다.

제86조

연방국가평의회 회기는 공개된다. 정부 대표, 연방국가평의회 의장, 연방국가평의회 의원 1/3이 요청할 시에는 비밀로 개최된다.

(٨٨). وتنتهي مدة المراقبين باختيار مراقبين جديدين في مستهل الدورة السنوية العادية التالية، وإذا خلا أحد المناصب في هيئة المكتب اختار المجلس من يشغله للمدة الباقية.

(مادة ٨٥)

يكون للمجلس أمانة عامة يرأسها أمين عام، وتحدد اللائحة الداخلية اختصاصاته ويتولى المجلس وضع مشروع لائحته الداخلية، وتصدر بقرار من رئيس الاتحاد بناء على موافقة المجلس الأعلى للاتحاد.

(مادة ٨٦)

جلسات المجلس علنية. وتعقد الجلسات سرية إذا طلب ذلك ممثل الحكومة أو رئيس المجلس أو ثلث أعضائه.

제87조

연방국가평의회의 심의는 최소한 (재적)의원 과반수가 출석하지 않으면 유효하지 않다. 의결은 별도의 정족수를 정하지 않은 경우 출석 의원 과반수의 찬성으로 이루어진다. 가부동수일 경우에는 의장이 속한 쪽을 따른다.

제88조

연방국가평의회 회의의 연기는 연방각료회의의 동의를 얻어 연방대통령이 공포하는 칙령에 의거하여 허용되며, 그 기간은 한 달을 초과할 수 없다. 회의의 연기는 연방국가평의회의 동의를 얻어 한 회기 내에 1회에 한한다. 연기 기간은 정기회 기간에 산정되지 않는다.

연방국가평의회의 해산은 연방최고회의의 동의를 얻어 연방대통령이 공포하는 칙령에 의거한다. 해산에 관한 칙령은 해산 칙령을 공포한 날로부터 60일 이내에 새 연방국가평의회의 회기 소집을 포함해야 한다. 동일한 이유로 연

(مادة ٨٧)

لا تكون مداولات المجلس صحيحة إلا بحضور أغلبية
أعضائه على الأقل. وتصدر القرارات بالأغلبية المطلقة
لأصوات الأعضاء الحاضرين، وذلك في غير الحالات التي
يشترط فيها أغلبية خاصة، وإذا تساوت الأصوات يرجح
الجانب الذي فيه رئيس الجلسة.

(مادة ٨٨)

يجوز بمرسوم يصدره رئيس الاتحاد بموافقة مجلس وزراء
الاتحاد تأجيل اجتماعات المجلس لمدة لا تجاوز شهراً
واحداً، على ألا يتكرر ذلك في الدورة الواحدة إلا بموافقة
المجلس ولمرة واحدة. ولا تحتسب فترة التأجيل ضمن مدة
الدورة العادية. كما يجوز بمرسوم يصدره رئيس الاتحاد
بموافقة المجلس الأعلى للاتحاد حل المجلس الوطني الاتحادي،
على أن يتضمن مرسوم الحل دعوة المجلس الجديد للانعقاد
في أجل لا يجاوز ستين يوماً من تاريخ مرسوم الحل. ولا

방국가평의회는 재차 해산될 수 없다.

제3절 연방국가평의회의 권한

제89조

제110조 규정에 위배되지 않는 테두리 내에서 연방국가평의회의 재정법안을 포함하여 연방의 법률안은 연방국가평의회에 제출된다. 이는 (연방국가평의회가) 이 법안들을 대통령에게 이송하기 전에 이루어져야 하며, 대통령은 승인을 받기 위해서 이를 연방최고회의에 이송한다. 연방국가평의회는 이 법률안들을 토의, 동의, 수정하고 거부할 수 있다.

제90조

연방국가평의회는 이 헌법 제8편 규정에 의거하여[31] 정기

يجوز حل المجلس مدة أخرى لنفس الأسباب.

الفرع الثالث اختصاصات المجلس

(مادة ٨٩)

مع عدم الإخلال بأحكام المادة (١١٠) تعرض مشروعات القوانين الاتحادية بما في ذلك مشروعات القوانين المالية على المجلس الوطني الاتحادي قبل رفعها إلى رئيس الاتحاد لعرضها على المجلس الأعلى للتصديق عليها ويناقش المجلس الوطني الاتحادي هذه المشروعات وله أن يوافق عليها أو يعدلها أو يرفضها.

(مادة ٩٠)

ينظر المجلس في دورته العادية في مشروع قانون الميزانية العامة

회의 회기 중에 연방의 연간 일반회계법안과 결산법안을 심의한다.

제91조

정부는 외국 및 여러 국제기구들과 체결한 국제 조약과 협약을 적절한 설명을 첨부하여 연방국가평의회에 통보하는 것을 담당한다. 연방국가평의회는 승인을 하기 전에 토의를 의무로 하는 국제 조약과 협약을 연방대통령의 결의로 정한다.

제92조

토의되는 사안이 연방의 최상 이익에 위배된다고 각료회의가 연방국가평의회에 통보하지 않는 한, 연방국가평의회는 연방과 관련된 어떠한 공적 사안이라도 토의할 수 있다. 수상 또는 관련 장관이 토의에 출석하며, 연방국가평의회는 자신의 건의를 표명할 수 있

السنوية للاتحاد، وفي مشروع قانون الحساب الختامي وذلك طبقاً للأحكام الواردة في الباب الثامن من هذا الدستور.

(مادة ٩١)

تتولى الحكومة إبلاغ المجلس الاتحادي بالمعاهدات والاتفاقيات الدولية التي تجريها مع الدول الأخرى والمنظمات الدولية المختلفة، مشفوعة بما يناسب من بيان، ويحدد بقرار من رئيس الاتحاد المعاهدات والاتفاقيات الدولية التي يتوجب على المجلس الوطني الاتحادي مناقشتها قبل التصديق عليها.

(مادة ٩٢)

للمجلس الوطني الاتحادي أن يناقش أي موضوع من الموضوعات العامة المتعلقة بشؤون الاتحاد إلا إذا أبلغ مجلس الوزراء المجلس الوطني الاتحادي بأن مناقشة ذلك الموضوع مخالفة لمصالح الاتحاد العليا، ويحضر رئيس الوزراء أو الوزير المختص النقاش، وللمجلس الوطني الاتحادي أن يعبر عن

고, 토의할 의제를 결정할 수 있다. 각료회의가 그 건의를 승인하지 않을 경우, 그 이유를 연방국가평의회에 통보해야 한다.

제93조

연방국가평의회의 회기에서 수상, 부수상(수상 대리), 최소한 연방각료회의 위원 중 한 명이 연방정부를 대표한다. 수상, 부수상, 관련부처 장관은 연방국가평의회의 의원이 그들의 권한 내 업무에 관해 제기하는 질문에 대하여 설명하고 답변해야 한다. 그것은 연방국가평의회 내규에 정해져 있는 절차에 따른다.

توصياته ويحدد الموضوعات التي يناقشها وإذا لم يقر مجلس الوزراء تلك التوصيات أخطر المجلس الوطني الاتحادي بأسباب ذلك.

(مادة ٩٣)

يمثل حكومة الاتحاد في جلسات المجلس الوطني الاتحادي، رئيس مجلس الوزراء أو أحد نوابه أو أحد أعضاء الوزارة الاتحادية على الأقل. ويجيب رئيس الوزراء أو نائبه أو الوزير المختص على الأسئلة التي يوجهها إليهم أي عضو من أعضاء المجلس للاستفسار عن الأمور الداخلة في اختصاصاتهم، وذلك وفقاً للإجراءات المقررة في اللائحة الداخلية للمجلس.

제5장

연방 및 아미르국의 사법

제94조

법률은 통치의 기반이고, 법관은 독립성을 가지며, 직무를 수행하는 데 있어서 법률과 양심 이외의 어떠한 권력에도 굴복하지 않는다.

제95조

연방에는 연방최고법원과 연방하급법원(연방1심법원)을 둔다. 이는 다음 조항들에서 상세히 규정한다.

제96조

연방최고법원은 대법원장과 총 5명을 넘지 않는 법관으로 구성되며, 이들은 연방최고회의의 승인을 받은 후에 연방 대통령이 공포하는 칙령에 의해 임명된다. 법원의 부서 수,

الفصل الخامس
القضاء في الاتحاد والإمارات

(مادة ٩٤)

العدل أساس الملك والقضاة مستقلون لا سلطان عليهم في أداء واجبهم لغير القانون وضمائرهم.

(مادة ٩٥)

يكون للاتحاد محكمة اتحادية عليا، ومحاكم اتحادية ابتدائية وذلك على الوجه المبين في المواد التالية.

(مادة ٩٦)

تشكل المحكمة الاتحادية العليا من رئيس وعدد من القضاة لا يزيدون جميعاً على خمسة يعينون بمرسوم يصدره رئيس الاتحاد بعد مصادقة المجلس الأعلى عليه. ويحدد القانون عدد دوائر

체제, 절차 및 구성원들의 복무조건과 퇴직, 그들이 갖추어야 할 조건과 자격은 법률로 정한다.[32]

제97조

연방최고법원장과 법관들은 재판을 담당하고 있는 동안에는 해임되지 않는다. 다음과 같은 사유 중 하나인 경우를 제외하고는 그들의 권한은 종료되지 않는다:

1. 사망

2. 사임

3. 계약기간 및 파견기간의 종료

4. 정년

5. 건강상의 이유로 직무수행이 영구적으로 불가능한 경우

6. 법률이 정하는 이유와 절차에 의거한 징계로 인한 면직

7. 당사자의 동의에 의한 타 직책 임명

المحكمة ونظامها وإجراءاتها وشروط الخدمة والتقاعد لأعضائها والشروط والمؤهلات الواجب توافرها فيهم.

(مادة ٩٧)

رئيس المحكمة الاتحادية العليا وقضاتها لا يعزلون إبان توليهم القضاء، ولا تنتهي ولايتهم إلا لأحد الأسباب التالية:

١ – الوفاة

٢ – الاستقالة

٣ – انتهاء مدة عقود المتعاقدين منهم أو مدة إعارتهم

٤ – بلوغ سن الإحالة إلى التقاعد

٥ – ثبوت عجزهم عن القيام بمهام وظائفهم لأسباب صحية

٦ – الفصل التأديبي بناءً على الأسباب والإجراءات المنصوص عليها في القانون

٧ – إسناد مناصب أخرى لهم بموافقتهم

제98조

연방최고법원장과 법관들은 직무를 수행하기에 앞서 연방 법무부장관이 배석한 가운데 연방대통령 앞에서, 두려움 이나 편견 없이 공정하게 판결할 것과 연방헌법과 법률을 충실하게 준수할 것을 선서한다.

제99조

연방최고법원은 다음과 같은 사안에 대하여 분야별로 관할한다:

1. 연방 회원국인 아미르국들 사이에서나, 하나의 아미르국 혹은 그 이상의 아미르국과 연방정부 간에 분쟁이 있을 경우, 이러한 분쟁이 분쟁 당사국 중 하나의 요청에 의거하여 법원으로 이관되었을 때.

2. 하나 혹은 그 이상의 아미르국이 연방법의 위헌성을 제소하였을 경우 연방법의 합헌성 검토, 한 아미르국이 공포한 법률에 대하여 어느 한 연방당국이 연방헌법과

(مادة ٩٨)

يؤدي رئيس المحكمة الاتحادية العليا وقضاتها، قبل مباشرة وظائفهم اليمين أمام رئيس الاتحاد، بحضور وزير العدل الاتحادي، بأن يحكموا بالعدل دون خشية أو محاباة، وبأن يخلصوا لدستور الاتحاد وقوانينه.

(مادة ٩٩)

تختص المحكمة الاتحادية العليا بالفصل في الأمور التالية:

١ – المنازعات المختلفة بين الإمارات الأعضاء في الاتحاد، أو بين أية إمارة أو أكثر وبين حكومة الاتحاد، متى أحيلت هذه المنازعات إلى المحكمة بناءً على طلب أي طرف من الأطراف المعنية.

٢ – بحث دستورية القوانين الاتحادية، إذا ما طعن فيها من قبل إمارة أو أكثر لمخالفتها لدستور الاتحاد. وبحث دستورية التشريعات الصادرة عن إحدى الإمارات، إذا ما طعن فيها من قبل إحدى السلطات الاتحادية، لمخالفتها

연방법에 위배된다고 제소할 경우 합헌성과 합법성 검토.

3. 어느 한 법원이 심의 중인 사안에 대해 연방최고법원에 법률, 입법, 조례의 합헌성 검토를 제청할 경우, (해당 법원은) 이와 관련하여 공포된 연방대법원의 결정을 따라야 함.

4. 연방당국 중 하나나 아미르국 정부 중 하나가 (헌법 조항의 해석을) 요청할 경우, (연방최고법원은) 헌법 규정을 해석하고, 이 해석은 모두에게 구속력이 있는 것으로 간주되어야 함.

5. 관련법률에 의거하여 연방최고회의의 요청에 따라, 칙령으로 임명된 연방장관들과 고위공무원들의 공무수행 중 행한 행위에 관한 청문.

6. 연방의 이익에 직접적으로 관련이 있는 범죄. 예를 들면, 국내·외 안보와 관련 있는 범죄, 어느 연방당국의 공식문건이나 인장위조 범죄, 화폐위조 범죄.

لدستور الاتحاد، أو للقوانين الاتحادية.

٣ – بحث دستورية القوانين والتشريعات واللوائح عموماً، إذا ما أحيل إليها هذا الطلب من أية محكمة من محاكم البلاد أثناء دعوى منظورة أمامها وعلى المحكمة المذكورة أن تلتزم بقرار المحكمة الاتحادية العليا الصادر بهذا الصدد.

٤ – تفسير أحكام الدستور إذا ما طلبت اليها ذلك إحدى سلطات الاتحاد، أو حكومة إحدى الإمارات. ويعتبر هذا التفسير ملزماً للكافة.

٥ – مساءلة الوزراء، وكبار موظفي الاتحاد المعينين بمرسوم، عما يقع منهم من أفعال في أداء وظائفهم الرسمية بناءً على طلب المجلس الأعلى ووفقاً للقانون الخاص بذلك.

٦ – الجرائم التي لها مساس مباشر بمصالح الاتحاد، كالجرائم المتعلقة بأمنه في الداخل أو الخارج، وجرائم تزوير المحررات أو الأختام الرسمية لإحدى السلطات الاتحادية، وجرائم تزييف العملة.

٧ – تنازع الاختصاص بين القضاء الاتحادي والهيئات

7. 연방사법당국과 아미르국 내 지방사법당국 간의 사법권 분쟁.

8. 어느 한 아미르국의 사법당국과 또 다른 아미르국의 사법당국 간 사법권 분쟁. 이와 관련된 규칙들은 연방법으로 정함.

9. 이 헌법에 명시된 기타 사법권 또는 연방법에 의해 그곳(연방최고법원)으로 이관될 수 있는 기타 사법권.

제100조

연방대법원은 연방 수도에서 회의를 개최한다. 필요 시 예외적으로 아미르국들의 수도들 중 한 곳에서 회의를 개최할 수 있다.

제101조

연방최고법원의 판결은 최종심이며 그것은 모두가 따라야 할 의무사항이다. 연방최고법원이 법률, 입법, 칙령의 합헌성에 대해 판결할 때에, 연방입법이 연방헌법에 위배되

القضائية المحلية في الإمارات.

٨- تنازع الاختصاص بين هيئة قضائية في إمارة وهيئة قضائية في إمارة أخرى وتنظم القواعد الخاصة بذلك بقانون اتحادي.

٩- أية اختصاصات أخرى منصوص عليها في هذا الدستور أو يمكن أن تحال إليها بموجب قانون اتحادي.

(مادة ١٠٠)

تعقد المحكمة الاتحادية العليا جلساتها بمقر عاصمة الاتحاد ويجوز لها استثناء أن تنعقد عند الاقتضاء في أية عاصمة من عواصم الإمارات.

(مادة ١٠١)

أحكام المحكمة الاتحادية العليا نهائية وملزمة للكافة وإذا ما قررت المحكمة عند فصلها في دستورية القوانين والتشريعات واللوائح أن تشريعاً اتحادياً ما جاء مخالفاً

거나, 심의 중인 지방입법 혹은 칙령이 연방헌법 혹은 연방법에 위배되는 내용을 포함하고 있다고 결정한다면, 연방이나 아미르국들의 관련당국은 헌법에 위배되는 내용을 삭제하거나 그것을 수정하기 위해 필요한 조치를 서둘러서 착수해야 한다.

제102조

연방에는 하나 또는 그 이상의 연방하급법원을 두어야 하며, 그것은 연방의 영구 수도, 또는 아미르국들의 일부 수도에 하급법원을 둘 수 있다. 이는 다음과 같은 사안에 대한 관할권 내에서 재판권을 행사한다:

1. 연방이 원고이든 피고이든 상관없이, 연방과 개인들 사이에 발생한 민사분쟁, 상사분쟁, 행정분쟁.

2. 이 헌법의 제99조에 의거하여 연방최고법원이 관할하고 있는 것을 제외한 연방의 수도 경계 내에서 발생한 범죄.

3. 연방의 수도에서 발생한 개인들 간의 개인 지위와

لدستور الاتحاد أو أن التشريع أو اللائحة المحلية موضوع النظر يتضمنان مخالفة لدستور الاتحاد أو لقانون اتحادي تعين على السلطة المعنية في الاتحاد أو في الإمارات بحسب الأحوال المبادرة إلى اتخاذ ما يلزم من تدابير لإزالة المخالفة الدستورية أو لتصحيحها.

(مادة ١٠٢)

يكون للاتحاد محكمة اتحادية ابتدائية أو أكثر، تنعقد في عاصمة الاتحاد الدائمة، أو في بعض عواصم الإمارات، لممارسة الولاية القضائية في دائرة اختصاصها في القضايا التالية:

١- المنازعات المدنية والتجارية والإدارية بين الاتحاد والأفراد، سواء كان الاتحاد فيها مدعياً أو مدعى عليه.

٢- الجرائم التي ترتكب ضمن حدود العاصمة الاتحادية باستثناء ما تختص بنظره المحكمة الاتحادية العليا بموجب المادة (٩٩) من هذا الدستور.

관련된 사건(소송), 민사사건, 상사사건, 기타 사건들의 소송들.

제103조

연방하급법원과 관련하여 그것의 조직, 구성, 부서, 지역적 관할 범위, 법정에서 따라야 하는 절차 등은 법률로 정하며, 이 법원의 법관이 행해야 하는 선서와 그들과 관련된 복무조건, 그들의 판결에 대한 상소방법은 법률로 정한다. 법률이 정하는 상황과 절차에 의거해 연방최고법원의 한 부는 하급법원의 판결에 대한 상소재판을 연다.

제104조

이 헌법 규정에 의거해 각 아미르국 지방사법기관은 연방사법부에 위임되지 않은 모든 사법적 문제를 관할한다.

٣ – قضايا الأحوال الشخصية والقضايا المدنية والتجارية وغيرها بين الأفراد التي تنشأ في العاصمة الاتحادية.

(مادة ١٠٣)

ينظم القانون كل ما يتعلق بالمحاكم الاتحادية الابتدائية من حيث ترتيبها وتشكيلها ودوائرها واختصاصها المكاني، والإجراءات التي تتبع أمامها، واليمين التي يؤديها قضاة هذه المحاكم، وشروط الخدمة المتعلقة بهم، وطرق الطعن في أحكامهم. ويجوز أن ينص القانون على استئناف أحكام تلك المحاكم أمام إحدى دوائر المحكمة الاتحادية العليا، في الحالات وبالإجراءات التي يحددها.

(مادة ١٠٤)

تتولى الهيئات القضائية المحلية في كل إمارة جميع المسائل القضائية التي لم يعهد بها للقضاء الاتحادي بمقتضى أحكام هذا الدستور.

제105조

관련 아미르국의 요청에 의거해 공포된 연방법에 따라, 전항(제104조)에 의거해 아미르국의 지방사법기관이 담당하는 관할권의 전체 혹은 일부를 연방하급법원으로 이관하는 것이 허용된다.

연방법은 지방사법기관이 형사, 민사, 상사 및 기타 소송에 대해 연방법원에 항소할 수 있는 사안들을 정한다. 이 항소에 대한 연방법원의 판결은 최종적인 것으로 본다.

제106조

연방에는 각료회의의 동의를 받아 공포되는 연방칙령에 의해 임명되는 검찰관(검사)을 두며, 다수의 검찰 구성원들이 그 검찰관을 보좌한다. 검찰 구성원들의 임명과 직급, 승진, 퇴직, 그들이 갖추어야 할 자격요건 등 연방 검찰 구성원과 관련된 사안들은 법률로 정한다. 또한 연방 형사

(مادة ١٠٥)

يجوز بقانون اتحادي يصدر بناءً على طلب الإمارة المعنية نقل كل أو بعض الاختصاصات التي تتولاها هيئاتها القضائية المحلية بموجب المادة السابقة إلى المحاكم الاتحادية الابتدائية.

كما يحدد بقانون اتحادي الحالات التي يجوز فيها استئناف أحكام الهيئات القضائية المحلية في القضايا الجزائية والمدنية والتجارية وغيرها أمام المحاكم الاتحادية على أن يكون قضاؤها عند الفصل في هذا الاستئناف نهائياً.

(مادة ١٠٦)

يكون للاتحاد نائب عام يعين بمرسوم اتحادي يصدر بموافقة مجلس الوزراء. ويعاون النائب العام عدد من أعضاء النيابة العامة. وينظم القانون الشؤون المتعلقة بأعضاء النيابة العامة الاتحادية، من حيث طريقة تعيين أعضائها ودرجاتهم وترقياتهم وتقاعدهم والمؤهلات والواجب توافرها فيهم. كما

절차 및 재판에 관한 법률은 이 기관(검찰)의 권한과 이 기관의 절차(소송절차)를 정하고, 경찰관 및 보안요원으로 구성되는 보좌진의 권한을 정한다.

제107조

연방대통령은 연방사법기관에 의해 선고된 형벌의 집행을 집행 전에 또는 집행 중에 사면할 수 있고, 감형할 수 있다. 이는 법무부장관이 주재하는 위원회의 동의를 얻어 연방법무부장관의 건의에 의거한다. 이 위원회는 연방각료회의에서 선출한 임기 3년인 6명의 위원으로 구성되고, 이들은 (국내 거주자로) 건전한 상식과 능력을 갖춘 국민 가운데서 선출되고 재임될 수 있다. 위원회의 위원직은 무보수이며, 토의된 심의 사항은 비밀이고, 위원회 결정은 다수결로 공포된다.

ينظم قانون الإجراءات والمحاكمات الجزائية الاتحادي اختصاصات هذه الهيئة وإجراءاتها، وصلاحيات معاونيها من رجال الضبط والأمن العام.

(مادة ١٠٧)

لرئيس الاتحاد أن يعفو عن تنفيذ العقوبة المحكوم بها من جهة قضائية اتحادية، قبل تنفيذ الحكم، أو أثناء التنفيذ، أو أن يخفف هذه العقوبة، وذلك بناءً على عرض وزير العدل الاتحادي، وبعد موافقة لجنة مشكلة برئاسة الوزير، من ستة أعضاء يختارهم مجلس وزراء الاتحاد. لمدة ثلاث سنوات قابلة للتجديد، من بين المواطنين ذوي الرأي والكفاية في البلاد. والعضوية في اللجنة مجانية، ومداولاتها سرية.وتصدر قراراتها بأغلبية الأصوات.

제108조

연방사법당국으로부터 최종적으로 판결된 사형선고는 그 판결에 대한 연방대통령의 승인 없이는 집행되지 않는다. 대통령은 이 판결을 보다 더 가벼운 처벌로 대체할 수 있으며, 이는 전항(제107조)에 명기된 절차에 따른다.

제109조

어떤 범죄, 또는 특정한 범죄들에 대한 완전사면은 법률에 의해서만 이루어진다. 완전사면은 사면법이 공포됨으로써 효력을 발생한다. 이로써 그러한 범죄들은 마치 없었던 것으로 보며, 형벌의 집행 및 잔여 형벌의 집행은 면제된다.

(مادة ١٠٨)

لا تنفذ عقوبة الإعدام الصادرة نهائياً من جهة قضائية اتحادية، إلا بعد مصادقة رئيس الاتحاد على الحكم. وله أن يستبدل بها عقوبة أخرى أخف منها، وذلك بمراعاة الإجراءات المنصوص عليها في المادة السابقة.

(مادة ١٠٩)

العفو الشامل عن جريمة أو جرائم معينة، لا يكون إلا بقانون. ويترتب على صدور قانون العفو اعتبار تلك الجرائم كأن لم تكن، والإعفاء من تنفيذ العقوبة أو الجزء المتبقي منها.

제5편

연방 입법과 칙령, 관계당국

제1장

연방법

제110조

1. 연방법은 이 조항의 규정과 헌법의 기타 적절한 조항의 규정에 의하여 공포된다.

2. 법률안은 다음과 같은 절차를 밟아 법률이 된다:

　a) 각료회의는 법률안을 준비하여 그것을 연방국가평의회에 제출한다.

　b) 각료회의는 연방대통령에게 법률안을 제출하여 동의를 받고, (연방)최고회의에 이 법률안을 제출하여 승

الباب الخامس
التشريعات والمراسيم الاتحادية والجهات المختصة بها

الفصل الأول
القوانين الاتحادية

(مادة ١١٠)

١ – تصدر القوانين الاتحادية بموجب أحكام هذه المادة وغيرها من أحكام الدستور المناسبة.

٢ – يصبح مشروع القانون قانوناً بعد اتخاذ الإجراءات التالية:

أ– يعد مجلس الوزراء مشروع القانون ويعرضه على المجلس الوطني الاتحادي.

ب– يعرض مجلس الوزراء مشروع القانون على رئيس

인을 받는다.

c) 연방대통령은 연방최고회의의 승인을 얻은 후 법률에 서명한 후 공포한다.

3.

a) 연방국가평의회가 법률안에 어떤 수정안을 삽입하여 이 수정안이 연방대통령 혹은 연방최고회의가 수용할 만한 것이 아닌 경우나, 연방국가평의회가 이 법안을 거부할 경우, 연방대통령이나 연방최고회의는 이 법안을 연방국가평의회로 환부할 수 있다.[33]

이 경우 연방대통령이나 연방최고회의가 승인하지 않은 이 법안에 대하여 연방국가평의회가 (다시) 수정안을 제출하거나 이 법안을 거부하면[34] 연방대통령은 연방최고회의의 승인을 얻은 후에 이 법안을 공포할 수 있다.

b) 이 조항에서 언급되는 법률안이라 함은 연방국가평의회의 수정안이 있는 경우 이를 포함하여 각

الاتحاد للموافقة عليه ولعرضه على المجلس الأعلى للتصديق عليه.

ج- يوقع رئيس الاتحاد القانون بعد تصديقه من المجلس الأعلى، ويصدره.

٣-

أ- إذا أدخل المجلس الوطني الاتحادي تعديلاً على مشروع القانون ولم يكن هذا التعديل مقبولاً لدى رئيس الاتحاد أو المجلس الأعلى، أو إذا رفض المجلس الوطني الاتحادي المشروع، فإن لرئيس الاتحاد أو المجلس الأعلى أن يعيده إلى المجلس الوطني الاتحادي. فإذا أجرى المجلس الوطني الاتحادي في ذلك أي تعديل لم يكن مقبولاً لدى رئيس الاتحاد أو رأى المجلس الأعلى أو رأى المجلس الوطني الاتحادي رفض المشروع، كان لرئيس الاتحاد أن يصدر القانون بعد مصادقة المجلس الأعلى عليه.

ب- يقصد بعبارة (مشروع القانون) الواردة في هذه الفقرة المشروع الذي يقدم لرئيس الاتحاد من مجلس

료회의로부터 연방대통령에게 제출되는 법안을 말한다.

4. 연방국가평의회가 폐회 중 연방법의 공포가 필요한 상황이라면, 연방각료회의는 연방최고회의를 대신하여 그 법안을 공포해야 하며, 연방대통령은 연방국가평의회의 첫 번째 회기에 그 내용을 통보해야 한다.

제111조

법안들은 대통령이 연방최고회의의 승인 이후 서명하고 공포한 날로부터 최대 2주간 연방의 관보에 게재된다. 특정한 날짜를 명시하지 않는 한 그 법률안은 관보에 게재한 날로부터 한 달 후에 효력을 발생한다.

제112조

효력 발생일 이후에 발생한 것에 대해서만 법적 효력이

الوزراء مشتملاً على التعديلات التي أدخلها عليه المجلس الوطني الاتحادي، إن وجدت.

٤ – ومع ذلك إذا اقتضى الحال إصدار قوانين اتحادية في غياب المجلس الوطني الاتحادي، فلمجلس وزراء الاتحاد أن يستصدرها عن المجلس الأعلى ورئيس الاتحاد على أن يخطر المجلس الاتحادي بها في أول اجتماع له.

(مادة ١١١)

تنشر القوانين في الجريدة الرسمية للاتحاد خلال أسبوعين على الأكثر من تاريخ توقيعها وإصدارها من قبل رئيس الاتحاد، بعد تصديق المجلس الأعلى عليها. ويعمل بها بعد شهر من تاريخ نشرها في الجريدة المذكورة، ما لم ينص على تاريخ آخر في القانون ذاته.

(مادة ١١٢)

لا تسري أحكام القوانين إلا على ما يقع من تاريخ العمل

있다. 효력 발생일 이전에 발생한 것에 대해서는 어떠한 효력도 소급되지 않는다. 형사조항(형사사건 관련조항)을 제외하고는 필요 시 그것(소급적용)에 상반되더라도 법률로 조문화할 수 있다.

بها، ولا يترتب عليها أثر فيما يقع قبل هذا التاريخ. ويجوز عند الاقتضاء، وفي غير المواد الجزائية، النص في القانون على خلاف ذلك.

.

제2장

법적 효력을 지닌 칙령

제113조

연방최고회의의 회기 사이에 연기할 수 없는 연방법의 공포를 서둘러야 할 경우(긴급히 연방법을 공포해야 할 필요가 발생했을 경우), 연방대통령과 각료회의는 함께 필요한 법률을 공포할 수 있으며, 이는 헌법에 위배되지 않아야 한다는 조건으로 칙령 형태로 법적 효력을 갖는다. 이 칙령들은 연방최고회의가 승인 또는 폐기를 심의하도록 최대 1주일 이내에 (연방최고회의에) 제출되어야 한다. 연방최고회의가 승인하면 법적 효력을 갖게 되며, 연방국가평의회의 첫 번째 회의에 통보되어야 한다. 연방최고회의가 승인하지 않을 경우, (그 칙령은) 법적 효력이 없다. 그러나 이전 기간 동안 법적 효력이 인정되었거나 다른 방식으로 그와 동등한 효력을 가지고 있다고 인정된다면 법적 효력이 있다.

الفصل الثاني
المراسيم بقوانين

(مادة ١١٣)

إذا حدث فيما بين أدوار انعقاد المجلس الأعلى، ما يوجب الإسراع على إصدار قوانين اتحادية لا تحتمل التأخير، فلرئيس الاتحاد ومجلس الوزراء مجتمعين إصدار ما يلزم منها، وذلك في شكل مراسيم لها قوة القانون بشرط ألا تكون مخالفة للدستور. ويجب أن تعرض هذه المراسيم بقوانين على المجلس الأعلى خلال أسبوع على الأكثر للنظر في إقرارها أو إلغائها، فإذا أقرها تأيد ما كان لها من قوة القانون، ويخطر المجلس الوطني الاتحادي بها في أول اجتماع له. أما إذا لم يقرها المجلس الأعلى فيزول ما كان لها من قوة القانون، إلا إذا رأى اعتماد نفاذها في الفترة السابقة، أو تسوية ما ترتب عليها من آثار بوجه آخر.

제3장

일반칙령

제114조

각료회의가 그것(칙령)을 승인하고 연방대통령이나 연방
최고회의가 각각의 권한에 따라 승인하면 칙령은 공포된
다. 그 칙령은 연방대통령이 서명한 후 관보에 게재한다.

제115조

연방최고회의가 휴회 중이고 칙령의 공포가 필요할 시, 연
방최고회의는 연방대통령과 각료회의 양자에게 칙령의 공
포를 위임할 수 있다. 이러한 칙령들은 상기 회의(연방최
고회의)의 비준이 필요하며, 국제 협정과 조약에 대한 동
의, 계엄령의 선포와 해제, 방어전쟁의 선포, 연방최고법
원장(연방대법원장)과 법관들의 임명을 포함하지 않는다
는 조건으로 (연방대통령과 각료회의 양자에게) 위임된다.

الفصل الثالث
المراسيم العادية

(مادة ١١٤)

لا يصدر مرسوم إلا إذا أقره مجلس الوزراء وصدق عليه رئيس الاتحاد أو المجلس الأعلى كل حسب اختصاصه، وتنشر المراسيم بعد توقيعها من رئيس الاتحاد في الجريدة الرسمية.

(مادة ١١٥)

للمجلس الأعلى أن يفوض رئيس الاتحاد ومجلس الوزراء مجتمعين في إصدار ما يقتضي الأمر إصداره في غيبة المجلس الأعلى من المراسيم التي يختص المجلس المذكور بالتصديق عليها على ألا يشمل هذا التفويض الموافقة على المعاهدات والاتفاقيات الدولية أو إعلان الأحكام العرفية ورفعها، أو إعلان قيام الحرب الدفاعية، أو تعيين رئيس أو قضاة المحكمة الاتحادية العليا.

제6편
아미르국들

제116조

아미르국들은 연방헌법이 연방에 위임하지 않은 모든 권한을 행사하며, 모든 아미르국들은 연방 설립에 참여하고, 연방의 실체로부터(연방의 존재 자체로부터) 서비스와 보호의 수혜를 받는다.

제117조

각 아미르국의 통치는 특히 각 영토 내에서 법률과 안전의 유지, 공공시설의 확대, 사회적 · 경제적 수준의 향상을 목표로 한다.

الباب السادس
الإمـــارات

(مادة ١١٦)

تتولى الإمارات جميع السلطات التي لم يعهد بها هذا الدستور للاتحاد، وتشارك جميعاً في بنيانه وتفيد من وجوده وخدماته وحمايته.

(مادة ١١٧)

يستهدف الحكم في كل إمارة بوجه خاص، حفظ الأمن والنظام داخل أراضيها وتوفير المرافق العامة ورفع المستوى الاجتماعي والاقتصادي فيها.

제118조

연방의 모든 회원 아미르국들은 아미르국들의 통합을 목표로 다양한 분야에서 입법을 조정하기 위해 가능한 한 노력한다. 연방최고회의의 승인을 받은 후, 두 개의 아미르국들이나 그 이상의 아미르국들이 정치적, 행정적 단위에서의 통합체를 구성할 수 있다. 공공시설의 전체 혹은 부분을 통합시킬 수 있으며, 공공시설의 설립을 위해 공동 또는 단일 행정기구를 설립할 수 있다.

제119조

가능한 한 용이성을 최대한 고려하여 판결의 집행과 관련된 사안들은 연방법으로 정한다. 사법적 대리, 법 문건의 공포, 법망을 피한 도피자들(범죄인)에 대한 연방 회원 아미르국들 사이의 인도는 연방법으로 정한다.

(مادة ١١٨)

تعمل الإمارات الأعضاء في الاتحاد جميعاً، على تنسيق تشريعاتها في مختلف المجالات بقصد توحيدها قدر الإمكان. ويجوز لإمارتين أو أكثر، بعد مصادقة المجلس الأعلى، التكتل في وحدة سياسية أو إدارية أو توحيد كل أو بعض مرافقها العامة، أو إنشاء إدارة واحدة أو مشتركة للقيام بأي مرفق من هذه المرافق.

(مادة ١١٩)

تنظم بقانون اتحادي، وبمراعاة أكبر قدر من التيسير، الأمور المتعلقة بتنفيذ الأحكام والإنابات القضائية، وإعلان الأوراق القضائية وتسليم الفارين من العدالة فيما بين الإمارات الأعضاء في الاتحاد.

제7편
연방과 아미르국 간의 입법, 행정, 국제 관할 업무의 분배

제120조

연방은 다음 사항들에 대한 입법과 행정을 전적으로 담당한다:

1. 외교 업무

2. 국방과 연방군대[35]

3. 국내 · 외 위협으로부터 연방의 안보 수호

4. 연방 수도의 안보, 질서, 통치에 관한 업무

5. 연방공무원 및 연방사법 관련 업무

6. 연방의 재정, 세금, 관세,[36] 부과금

7. 연방공공차관

8. 우편, 전신(전보), 전화, 무선 업무

الباب السابع
توزيع الاختصاصات التشريعية والتنفيذية والدولية بين الاتحاد والإمارات

(مادة ١٢٠)

ينفرد الاتحاد بالتشريع والتنفيذ في الشؤون التالية:

١ – الشؤون الخارجية

٢ – الدفاع والقوات المسلحة الاتحادية

٣ – حماية أمن الاتحاد مما يتهدده من الخارج أو الداخل

٤ – شؤون الأمن والنظام والحكم في العاصمة للاتحاد

٥ – شؤون موظفي الاتحاد والقضاء الاتحادي

٦ – مالية الاتحاد والضرائب والرسوم والعوائد الاتحادية

٧ – القروض العامة الاتحادية

٨ – الخدمات البريدية والبرقية والهاتفية واللاسلكية

9. 연방최고회의가 간선도로라고 결정한 연방도로의 건설, 유지, 개선, 그러한 도로상의 교통체계

10. 항공운항 통제, 항공기 사업 및 조종사의 면허 발급

11. 교육

12. 공중보건과 의료 서비스

13. 화폐와 통화[37]

14. 도량형

15. 전력 서비스

16. 연방의 국적, 여권, 체류, 이주

17. 연방재산 및 이와 관련된 모든 것

18. 인구조사 업무 및 연방의 목적과 관련한 통계업무

19. 연방 홍보

제121조

전 조항(제120조)의 내용에 위배되지 않는 한, 연방은 다음과 같은 사항에 관한 입법을 전담한다:

٩ – شق الطرق الاتحادية التي يقرر المجلس الأعلى أنها طرق رئيسية وصيانتها وتحسينها وتنظيم حركة المرور على هذه الطرق

١٠ – المراقبة الجوية وإصدار تراخيص الطيارات والطيارين

١١ – التعليم

١٢ – الصحة العامة والخدمات الطبية

١٣ – النقد والعملة

١٤ – المقاييس والمكاييل والموازين

١٥ – خدمات الكهرباء

١٦ – الجنسية الاتحادية والجوازات والإقامة والهجرة

١٧ – أملاك الاتحاد وكل ما يتعلق بها

١٨ – شؤون التعداد والإحصاء الخاصة بأغراض الاتحاد

١٩ – الإعلام الاتحادي

(مادة ١٢١)

بغير إخلال بما هو منصوص عليه في المادة السابقة، ينفرد الاتحاد بالتشريع في الشؤون التالية:- علاقات العمل

노동과 노동자들의 관계(노동과 관련 있는 여러 관계들), 사회보장 - 부동산 소유권, 공공 목적(공공이익)을 위한 소유권의 수용 - 범죄인 인도 - 은행 - 다양한 종류의 보험 - 농경 및 축산 자원의 보호 - 형법과 관련한 주요 입법, 민간(사적)거래, 상업거래, 기업거래, 민·형사 법정에서의 소송절차 - 문화 - 기술 - 산업의 소유권과 저작권의 보호 - 인쇄물과 출판 - 어떤 한 아미르국에 속한 군대와 보안군이 사용하는 경우를 제외한 무기와 군수품의 수입 - 연방의 행정권한에 속하지 않는 기타 항공 업무 - 영해 확정과 공해상에서의 항해 관할권 - 자유금융지역[38] 설치 조직과 방법, 이의 연방법규 적용의 예외 지역

제122조

아미르국들은 앞의 두 조항(제120조, 제121조)의 규정에 의거하여 연방당국이 담당하지 않는 모든 사항들을 관할한다.

والعمال والتأمينات الاجتماعية – الملكية العقارية ونزع الملكية للمنفعة العامة – تسليم المجرمين – البنوك – التأمين بأنواعه – حماية الثروة الزراعية والحيوانية – التشريعات الكبرى المتعلقة بقوانين الجزاء والمعاملات المدنية والتجارية والشركات، والإجراءات أمام المحاكم المدنية والجزائية – حماية الملكية الأدبية والفنية والصناعية وحقوق المؤلفين – المطبوعات والنشر – استيراد الأسلحة والذخائر ما لم تكن لاستعمال القوات المسلحة أو قوات الأمن التابعة لأي إمارة – شؤون الطيران الأخرى التي لا تدخل في اختصاصات الاتحاد التنفيذية – تحديد المياه الإقليمية وتنظيم الملاحة في أعالي البحار — تنظيم وطريقة إنشاء المناطق الحرة المالية ونطاق استثنائها من تطبيق أحكام التشريعات الاتحادية.

(مادة ١٢٢)

تختص الإمارات بكل ما لا تنفرد فيه السلطات الاتحادية بموجب أحكام المادتين السابقتين.

제123조

연방이 원칙적으로 외교 및 국제관계 문제를 전적으로 담당한다는 제120조 제1항의 내용에 대한 예외로, 연방의 이익과 연방법에 저촉되지 않는다는 조건과, 연방최고회의에 미리 통보한다는 조건으로 연방 회원 아미르국들은 이웃 국가들이나 지역들과 내부 행정 성격을 가진 제한적인 협정을 체결할 수 있다.

연방최고회의가 이러한 협정 체결에 반대한다면, 이 반대에 대하여 연방법원이 가능한 빨리 결정을 내릴 때까지 그 사안(협정 체결)은 연기되는 것으로 규정되어야 한다. 아미르국들은 석유수출국기구(OPEC)[39]와 아랍석유수출국기구(OAPEC)[40]의 회원 자격을 유지하거나 그 두 기구에 가입할 수 있다.

제124조

연방 관할당국은 아미르국들 중 한 아미르국의 지위를 침

(مادة ١٢٣)

استثناء من نص المادة (١٢٠) (بند ١) بشأن انفراد الاتحاد أصلاً بالشؤون الخارجية والعلاقات الدولية، يجوز للإمارات الأعضاء في الاتحاد عقد اتفاقيات محدودة ذات طبيعة إدارية محلية مع الدول والأقطار المجاورة لها على ألا تتعارض مع مصالح الاتحاد ولا مع القوانين الاتحادية، وبشرط إخطار المجلس الأعلى للاتحاد مسبقاً. فإذا اعترض المجلس على إبرام مثل تلك الاتفاقات فيتعين إرجاء الأمر إلى أن تبت المحكمة الاتحادية بالسرعة الممكنة في هذا الاعتراض. كما يجوز للإمارات الاحتفاظ بعضويتها في منظمة الأوبك ومنظمة الدول العربية المصدرة للنفط أو الانضمام إليهما.

(مادة ١٢٤)

على السلطات الاتحادية المختصة، قبل إبرام أية معاهدة أو

해할 수 있는(지위에 영향을 미칠 수 있는) 어떠한 국제 조약과 협정을 체결하기 전에 미리 해당 아미르국의 의견을 검토해야 하며, 의견이 상충할 경우, 그 사안을 결정하기 위해 연방최고법원에 제출해야 한다.

제125조

(각) 아미르국 정부들은 연방으로부터 나온(연방이 공포한) 법률과 연방이 체결한 국제 조약 및 협정의 집행에 필요한 조치들을 취한다. 그러한 조치들은 이것의 집행에 필요한 지방의(각 아미르국의) 법률, 조례, 결정, 명령의 공포를 포함한다. 연방당국은 아미르국들의 법률과 결정, 국제 조약과 협정, 연방사법판결의 집행을 감독하고, 아미르국들과 관련한 행정 및 사법 당국을 감독한다. (아미르국 정부들은) 이 업무에 있어 연방당국에 가능한 모든 지원을 제공한다.

اتفاقية دولية يمكن أن تمس المركز الخاص بإحدى الإمارات، استطلاع رأي هذه الإمارة مسبقاً، وعند الخلاف يعرض الأمر على المحكمة الاتحادية العليا للبت فيه.

(مادة ١٢٥)

تقوم حكومات الإمارات باتخاذ ما ينبغي من تدابير لتنفيذ القوانين الصادرة عن الاتحاد والمعاهدات والاتفاقيات الدولية التي يبرمها، بما في ذلك إصدار القوانين واللوائح والقرارات والأوامر المحلية اللازمة لهذا التنفيذ. وللسلطات الاتحادية الإشراف على تنفيذ حكومات الإمارات للقوانين والقرارات والمعاهدات والاتفاقيات الدولية والأحكام القضائية الاتحادية. وعلى السلطات الإدارية والقضائية المختصة في الإمارات، تقديم كل المساعدات الممكنة لسلطات الاتحاد في هذا الشأن.

제8편
연방재정업무

제126조

연방의 공공세입은 다음과 같은 세원으로 구성된다:[41]

1. 연방법에 따라 입법상, 행정상 연방 권한 내에 있는 사항들에 대해 부과되는 세금, 수수료, 관세.

2. 연방이 제공하는 서비스에 대한 대가로 연방이 취득하는 수수료와 비용.

3. 다음 조항(제127조)에 따라 연방 회원 아미르국들이 연방에 제공하는 연간예산분담금.

4. 연방소유재산으로부터 나오는 연방수입.

الباب الثامن
الشؤون المالية للاتحاد

(مادة ١٢٦)

تتكون الإيرادات العامة للاتحاد من الموارد التالية:

١ – الضرائب والرسوم والعوائد التي تفرض بموجب قانون اتحادي في المسائل الداخلة في اختصاص الاتحاد تشريعاً وتنفيذاً.

٢ – الرسوم والأجور التي يحصلها الاتحاد في مقابل الخدمات التي يؤديها.

٣ – الحصة التي تسهم بها الإمارات الأعضاء في الاتحاد، في ميزانيته السنوية وفقاً للمادة التالية.

٤ – إيراد الاتحاد من أملاكه الخاصة.

제127조

연방 회원 아미르국들은 연방연간총예산[42]의 비용을 충당하기 위해 연방의 연간세입원 중 일정 비율을 부담해야 한다. 이는 예산법이 정하는 방법과 규모에 따른다.

제128조

연방의 총예산과 결산의 준비를 위한 원칙은 법률로 정하며, 회계연도의 시작은 법률로 정한다.

제129조

세출·입 예산의 심의(평가)를 포함하는 연방연간예산안은 최소(늦어도) 회계연도 시작 2달 전에 연방국가평의회에 제출되어 이에 대한 토의와 검토가 이루어져야 한다. 이는 연방최고회의에 제출되기 전에 이루어져야 한다. (세출·입 예산안에 대한) 승인을 얻기 위해 이와 같은 (연방국가평의회의) 검토가 반드시 이루어져야 한다.

(مادة ١٢٧)

تخصص الإمارات الأعضاء في الاتحاد نسبة معينة من مواردها السنوية لتغطية نفقات الميزانية العامة السنوية للاتحاد وذلك على النحو وبالقدر اللذين يحددهما قانون الميزانية.

(مادة ١٢٨)

يحدد القانون قواعد إعداد الميزانية العامة للاتحاد، والحساب الختامي، كما يحدد بدء السنة المالية.

(مادة ١٢٩)

يعرض مشروع الميزانية السنوية للاتحاد متضمناً تقديرات الإيرادات والمصروفات، قبل بدء السنة المالية بشهرين على الأقل على المجلس الوطني الاتحادي لمناقشتها وإبداء ملاحظاته عليها، وذلك قبل رفع مشروع الميزانية إلى المجلس الأعلى للاتحاد، مصحوبة بهذه الملاحظات لإقرارها.

제130조

연간총예산은 법률로 공포된다. 회계연도 시작 전에 예산법이 공포되지 않은 모든 경우에는 연방칙령으로써 임시 월 충당금(예산액)을 승인할 수 있다. 그 충당금은 전 회계연도 충당금의(전년도 예산액의) 1/12을 기본으로 한다. 전 회계연도 말에 시행 중인 법률에 의거하여 세입은 징수되고 세출은 지출된다.

제131조

예산안에 언급되지 않은 모든 비용(예산)이나 언급된 모든 추가비용(추경예산), 예산의 항목 가운데 한 부분에서 다른 부분으로 전용되는 모든 비용(예산)은 법률로 정한다. 그러나 긴급한 필요 상황 시, 이러한 세출 및 전용의 결정은 이 헌법 제113조의 규정에 의거하여 칙령으로 정한다.

(مادة ١٣٠)

تصدر الميزانية العامة السنوية بقانون. وفي جميع الأحوال
التي لا يصدر فيها قانون الميزانية قبل بدء السنة المالية، يجوز
بمرسوم اتحادي إقرار اعتمادات شهرية مؤقتة، على أساس
جزء من اثني عشر من اعتمادات السنة المالية السابقة،
وتجبى الإيرادات وتنفق المصروفات وفقاً للقوانين النافذة في
نهاية السنة المالية السابقة.

(مادة ١٣١)

كل مصروف غير وارد بالميزانية، أو زائد عن التقديرات
الواردة بها، وكل نقل لأي مبلغ من باب إلى باب آخر
من أبواب الميزانية، يجب أن يكون بقانون. ومع ذلك
يجوز، في حالة الضرورة الملحة، تقرير هذا الصرف أو
النقل بمرسوم بقانون وفقاً لأحكام المادة (١١٣) من هذا
الدستور.

제132조

연방은 몇몇 아미르국들의 긴급한 필요에 따른 건설, 건축, 국내 치안, 사회 관련 업무 등의 프로젝트안의 총비용을 지출하기 위해 연간예산안 가운데 연방세입원으로 이를 할당한다. 이러한 계획들의 집행과 지출에 대한 결재는 연방 관할기구를 통하여 이루어진다. 연방 관할당국은 해당 아미르 당국과의 합의로 이를 감독한다. 연방은 이러한 목적을 위하여 특별기금을 설치할 수 있다.

제133조

어떠한 연방세금에 대해서도 부과, 수정, 취소는 법률로서만 허용되며, 법률에 명백히 규정되어 있지 않는 한 어느 누구에게도 이 세금의 면제는 허용되지 않는다. 연방의 세금, 관세, 수수료는 법률이 정하는 한도 내의 법규정에 의하지 아니하고는 어느 누구에게도 부과되지 않는다.

(مادة ١٣٢)

يخصص الاتحاد في ميزانيته السنوية مبالغ من إيراداته للإنفاق على مشروعات الإنشاء والتعمير والأمن الداخلي والشؤون الاجتماعية حسب الحاجة الماسة لبعض الإمارات. ويتم تنفيذ هذه المشروعات والإنفاق عليها، من اعتمادات هذه المبالغ، بواسطة أجهزة الاتحاد المختصة وتحت إشرافها بالاتفاق مع سلطات الإمارة المعنية. ويجوز للاتحاد إنشاء صندوق خاص لهذه الأغراض.

(مادة ١٣٣)

لا يجوز فرض أية ضريبة اتحادية أو تعديلها أو الغاؤها إلا بقانون ، ولا يجوز إعفاء أحد من أداء هذه الضرائب في غير الأحوال المبينة في القانون. كما لا يجوز تكليف أحد بأداء أموال أو رسوم أو عوائد اتحادية إلا في حدود القانون وطبقاً لأحكامه.

제134조

공공차관의 계약과 채권 계약은 연방법에 의해서만 허용
되며, 이에 대한 연방국고로부터의 비용 지출은 차년도 또
는 차 차년도에 할당된다.

제135조

종결된 회계연도에 대한 연방 재무행정의 결산은 그것(결
산)의 승인을 얻기 위해 연방최고회의에 상정되기 이전에,
감사원장의 보고서에 따라, 그것(결산)에 대한 검토를 시
작하기 위해 위에 언급된 회계연도의 종결 이후 4개월 이
내에 연방국가평의회에 제출되어야 한다.

제136조

감사원장을 수장으로 하는 독립된 연방 부서가 설립되며,
감사원장은 칙령으로 임명되고, 그는 연방 회계감사와 연
방 소속 해당기구 및 관공서들의 감사를 수행한다. 법률에

(مادة ١٣٤)

لا يجوز عقد القروض العامة، أو الارتباط بالتزامات يترتب عليها إنفاق مبالغ من الخزانة العامة للاتحاد في سنة أو سنوات مقبلة، إلا بقانون اتحادي.

(مادة ١٣٥)

الحساب الختامي للإدارة المالية للاتحاد عن السنة المالية المنقضية، يقدم إلى المجلس الوطني الاتحادي خلال الأربعة أشهر التالية لانتهاء السنة المذكورة لإبداء ملاحظاته عليه، قبل رفعه إلى المجلس الأعلى لإقراره، على ضوء تقرير المراجع العام.

(مادة ١٣٦)

تنشأ إدارة اتحادية مستقلة يرأسها مراجع عام يكون تعيينه بمرسوم، لمراجعة حسابات الاتحاد والأجهزة والهيئات التابعة له، وكذلك لمراجعة أية حسابات أخرى يوكل إلى الإدارة

의거하여 위에 언급된 부서에게 기타 회계감사 업무를 맡길 수 있다. 이 부서는 법률의 통제를 받으며, 이 부서의 관할권과 이 부서에 근무하는 종사자들의 권한은 법률로 정한다. 그들이 가장 효율적인 방식으로 임무를 충실히 수행할 수 있도록 그 부서와 부서의 장 및 직원들에게 의무적 보장이 충분하게 주어져야 한다.

المذكورة مراجعتها، طبقاً للقانون. وينظم القانون هذه الإدارة ويحدد اختصاصاتها، وصلاحيات العاملين فيها، والضمانات الواجب توفيرها لها ولرئيسها ولموظفيها، من أجل القيام بوظائفهم على خير وجه.

제9편
군대와 보안군

제137조

연방 회원 아미르국들 중 어느 아미르국에 대한 어떠한 공격도 아미르국들 전체에 대한 공격과 연방 자체 존재에 대한 공격으로 본다. 모든 연방군대 및 지역군은 가능한 모든 수단을 통해 연방을 방어하기 위해 상호협조한다.

제138조

연방에는 육군, 해군, 공군을 두며 훈련과 지휘는 단일화 된다. 군 총사령관과 참모총장의 임명과 그 직책으로부터의 해임은 연방칙령에 의거하며, 연방에 연방보안군을 둘 수 있다. 연방각료회의는 모든 군 문제에

الباب التاسع
القوات المسلحة وقوات الأمن

(مادة ١٣٧)

كل اعتداء على أية إمارة من الإمارات الأعضاء في الاتحاد يعتبر اعتداء عليها جميعاً، وعلى كيان الاتحاد ذاته وتتعاون جميع القوى الاتحادية والمحلية على دفعه، بكافة الوسائل الممكنة.

(مادة ١٣٨)

يكون للاتحاد قوات مسلحة برية وبحرية وجوية، موحدة التدريب والقيادة، ويكون تعيين القائد العام لهذه القوات، ورئيس الأركان العامة، وإعفاؤهما من منصبيهما بمرسوم اتحادي. كما يجوز أن يكون للاتحاد قوات أمن اتحادية.

관하여 연방대통령과 연방최고회의에 직접적으로 책임을 진다.

제139조

병역, 총동원과 부분 동원, 장병들의 권리와 의무, 군규율의 규정, 연방보안군의 특별규정은 법률로 정한다.[43]

제140조

방어전쟁 수행 선포는 연방최고회의가 이에 대해 승인한 후 연방대통령이 공포하는 칙령에 의한다. 침략전쟁은 국제헌장들의 규정에 따라 금지된다.

제141조

연방대통령을 위원장으로 하는 최고국방위원회가 설립된다. 그 위원회 위원들은 연방부통령, 연방각료회의의장, 외교부

ومجلس وزراء الاتحاد هو المسؤول مباشرة أمام رئيس الاتحاد والمجلس الأعلى للاتحاد عن شؤون هذه القوات جميعاً.

(مادة ١٣٩)

ينظم القانون الخدمة العسكرية، والتعبئة العامة أو الجزئية، وحقوق وواجبات أفراد القوات المسلحة، وقواعد انضباطها، وكذلك الأنظمة الخاصة بقوات الأمن الاتحادية.

(مادة ١٤٠)

يكون إعلان قيام الحرب الدفاعية بمرسوم يصدره رئيس الاتحاد بعد مصادقة المجلس الأعلى عليه. أما الحرب الهجومية فمحرمة عملاً بأحكام المواثيق الدولية.

(مادة ١٤١)

ينشأ مجلس أعلى للدفاع برئاسة رئيس الاتحاد ويكون من بين أعضائه نائب رئيس الاتحاد ورئيس مجلس وزراء

장관, 국방부장관, 재무장관, 내무부장관, 총사령관, 참모총장으로 구성된다. 이 위원회는 국방문제와 관련한 모든 문제, 연방의 평화와 안보 유지, 군대를 구성하여 장비를 갖추고 발전시키는 사안, 군 주둔지와 병영을 정하는 사안 등과 관련한 모든 사안에 대해 의견과 권고를 제시한다. 이 위원회는 군 자문위원들과 군 전문가들 가운데 초청을 수락한 사람들에게 회의 참석을 요청할 수 있으나 그들은 토의에서 결정권을 가지고 있지 않다. 이 위원회와 관련한 모든 사안은 법률로 정한다.

제142조
국가만이 육군, 해군, 공군을 창설할 권리가 있다.

제143조
아미르국들 중 어느 아미르국이라도 위험에 노출될 경우에는 아미르국 영토 내의 안전과 질서를 유지하기 위해

الاتحاد ووزير الخارجية والدفاع والمالية والداخلية والقائد العام، ورئيس الأركان العامة، وذلك لإبداء الرأي والمشورة في كل ما يتعلق بشؤون الدفاع، والمحافظة على سلامة الاتحاد وأمنه، واعداد القوات العسكرية وتجهيزها وتطويرها، وتحديد أماكن إقامتها ومعسكراتها. وللمجلس أن يدعو لحضور جلساته من يرى دعوتهم من المستشارين والخبراء العسكريين وغيرهم، دون أن يكون لهم رأي معدود في المداولات. وينظم القانون كل ما يتعلق بهذا المجلس.

(مادة ١٤٢)

للدولة وحدها حق إنشاء القوات المسلحة البرية والبحرية والجوية.

(مادة ١٤٣)

يحق لأية إمارة من الإمارات طلب الاستعانة بالقوات المسلحة، أو بقوات الأمن الاتحادية للمحافظة على الأمن

연방군대와 연방보안군의 도움을 요청할 권리가 있다. 이 요청은 (연방최고회의가) 검토 결정하도록 이를 즉시 연방최고회의에 제출되어야 한다. 연방최고회의는 이러한 목적을 위하여 도움을 요청하는 아미르국과 그(도움 요청을 받은) 군대가 속한 아미르국이 동의한다는 조건하에 다른 아미르국에 속한 지방군의 도움을 요청할 수 있다. 연방최고회의가 회기 중이 아닐 경우, 연방대통령과 연방각료회의는 더 이상 늦출 수 없는 긴급한 필요 조치들을 함께 취할 수 있으며 연방최고회의의 즉각적인 개회를 요청할 수 있다.

والنظام داخل أراضيها إذا ما تعرضت للخطر، ويعرض هذا الطلب فوراً على المجلس الأعلى للاتحاد، لتقرير ما يراه. ويجوز لرئيس الاتحاد ومجلس الوزراء الاتحادي مجتمعين، إذا لم يكن المجلس الأعلى منعقداً اتخاذ ما يلزم من التدابير العاجلة التي لا تحتمل التأخير ودعوة المجلس الأعلى للانعقاد فوراً.

제10편
최종규정 및 임시규정

제144조

a. 연방최고회의가 연방의 최상 이익을 위하여 헌법개정이 필요하다고 판단할 경우, 헌법개정안을 연방국가회의에 제출한다.

b. 헌법개정 승인 절차는 법률의 개정 절차와 동일하다.

c. 헌법개정안이 연방국가평의회의 승인을 얻기 위해서는 출석 위원 2/3 (이상)의 동의를 조건으로 한다.

d. 연방대통령은 연방최고회의를 대신하여 연방최고회의의 이름으로 헌법개정에 서명하고 이를 공포한다.

الباب العاشر
الأحكام الختاميـة والمؤقتـة

(مادة ١٤٤)

أ– إذا رأى المجلس الأعلى أن مصالح الاتحاد العليا تتطلب تعديل هذا الدستور، قدم مشروع تعديل دستوري إلى المجلس الوطني الاتحادي.

ب– تكون إجراءات إقرار التعديل الدستوري مماثلة لإجراءات إقرار القانون.

ج– يشترط لإقرار المجلس الوطني الاتحادي مشروع التعديل الدستوري موافقة ثلثي الأصوات للأعضاء الحاضرين.

د– يوقع رئيس الاتحاد باسم المجلس الأعلى ونيابة عنه التعديل الدستوري ويصدره.

제145조

어떠한 경우에도 이 헌법의 조항 중 어느 규정도 중지될 수 없다. 단 계엄령이 발효 중이고, 그러한 규정들(헌법의 규정들)에 대해 법률이 명시하고 있는 테두리 내에서는 어떠한 상황에서 어느 헌법 규정도 중지될 수 있다. 그러나 연방국가평의회의 개최는 그 기간 동안에 중지하는 것이 허용되지 않으며, 연방국가평의회의 의원들의 면책특권을 침해하는 것 또한 허용되지 않는다.

제146조

계엄령의 공포는 연방대통령이 제안하고 연방각료회의가 동의함에 따라 연방최고회의의 승인으로 공포되는 칙령에 따른다. 이는 법률이 정하는 필요 상황이 있을 경우에 한하며, 이 칙령은 연방국가평의회의 첫 번째 회기에 통보되어야 한다. 계엄령 선포를 요청했던 필요성(상황)이 중지되었을 때, 계엄령은 또한 연방최고회의의 승인으로 공포

(مادة ١٤٥)

لا يجوز بأي حال تعطيل أي حكم من أحكام هذا الدستور، إلا أثناء قيام الأحكام العرفية وفي الحدود التي يبينها القانون المنظم لتلك الأحكام. ولا يجوز مع ذلك تعطيل انعقاد المجلس الوطني الاتحادي في تلك الأثناء، أو المساس بحصانة أعضائه.

(مادة ١٤٦)

يكون إعلان الأحكام العرفية، بمرسوم يصدر بمصادقة المجلس الأعلى بناءً على عرض رئيس الاتحاد وموافقة مجلس وزراء الاتحاد وذلك في أحوال الضرورة التي يحددها القانون، ويبلغ هذا المرسوم إلى المجلس الوطني الاتحادي في أول اجتماع له. وترفع الأحكام العرفية بمرسوم يصدر بمصادقة المجلس الأعلى كذلك، متى زالت الضرورة التي

되는 칙령에 의해 해제된다.

제147조

관련 당사자들 간 합의에 의해 조약이나 협정이 수정되거나 폐기되지 않는 한, 이 헌법의 적용은 어느 연방 회원 아미르국들이 국가나 국제기구와 맺은 조약이나 협정에 영향을 미치지 않는다.

제148조

헌법 집행 시에 연방 여러 회원 아미르국 내에서 유효한 법률, 조례, 칙령, 명령, 결의가 규정한 모든 사안들은, 이 헌법의 규정에 의거해 개정되거나 폐지되지 않는 한, 현 상황에 따라 계속 효력을 유지한다. 회원 아미르국들 내에 존재하는 조치들과 기구는 헌법의 규정에 의거해 수정된 법률이 공포될 때까지 효력을 지속한다.

استدعت إعلانها.

(مادة ١٤٧)

لا يُخل تطبيق هذا الدستور بما ارتبطت به الإمارات الأعضاء في الاتحاد مع الدول والهيئات الدولية من معاهدات أو اتفاقيات، ما لم يجر تعديلها أو الغاؤها بالاتفاق بين الأطراف المعنية.

(مادة ١٤٨)

كل ما قررته القوانين واللوائح والمراسيم والأوامر والقرارات المعمول بها عند نفاذ هذا الدستور، في الإمارات المختلفة الأعضاء في الاتحاد ووفقاً للأوضاع السائدة فيها يظل سارياً ما لم يعدل أو يلغ وفقاً لما هو مقرر في هذا الدستور. كما يستمر العمل بالتدابير والأنظمة السائدة فيها حتى تصدر القوانين المعدلة لها وفقاً لأحكامه.

제149조

이 헌법 제121조 규정을 예외로 아미르국들은 언급된 조항(제121조)에 명시된 사안들을 규정하기 위해 필요한 법안을 공포할 수 있으며, 이는 이 헌법 제151조 규정을 위배해서는 안 된다.

제150조

연방당국은 기존의 법률과 제도, 특히 헌법의 규정에 위배되는 법률과 제도들을 대체하기 위해 이 헌법에서 언급된 법률들을 가능한 빨리 공포하도록 노력해야 한다.

제151조

이 헌법의 조항들은 연방 회원 아미르국들의 헌법보다 상위에 있으며, 이 헌법의 규정에 따라 공포된 연방법들은 아미르 당국들이 공포한 입법 규정과 조례보다 우선권을 갖는다. 상충될 경우, 상위법에 위배되는 하위법의 내용을

(مادة ١٤٩)

استثناء من أحكام المادة (١٢١) من هذا الدستور، يجوز للإمارات أن تصدر التشريعات اللازمة لتنظيم الشؤون المبينة في المادة المذكورة، وذلك دون إخلال بأحكام المادة (١٥١) من هذا الدستور.

(مادة ١٥٠)

تعمل السلطات الاتحادية على استصدار القوانين المشار إليها في هذا الدستور بالسرعة اللازمة، لكي تحل محل التشريعات والأوضاع الحالية، وخاصة ما يتعارض منها مع أحكامه.

(مادة ١٥١)

لأحكام هذا الدستور السيادة على دساتير الإمارات الأعضاء في الاتحاد. وللقوانين الاتحادية التي تصدر وفقاً لأحكامه الأولوية على التشريعات والقرارات الصادرة عن سلطات الإمارات. وفي حال التعارض، يبطل من التشريع

무효화시키고 위배되는 사항을 폐기시킬 수 있다. 의견이 대립할 경우, 이 사안을 연방최고법원에 이송하여 해결하도록 한다.

제152조

이 헌법은 헌법에 서명한 통치자들이 공포한 선언에서 정한 날짜로부터 효력을 발생한다. 이 헌법은 이슬람력 1391년 주마다 알울라월 25일과 일치하는 서력 1971년 7월 18일 당일에 두바이에서 서명되었다.

서명	서명	서명
자이드 빈 술탄	라시드 빈 사이드	칼리드 빈 무함마드
앗나흐얀	알마크툼	알까시미
아부다비 아미르국	두바이 아미르국	샤르자 아미르국
통치자	통치자	통치자

الأدنى ما يتعارض مع التشريع الأعلى، وبالقدر الذي يزيل ذلك التعارض، وعند الخلاف يعرض الأمر على المحكمة الاتحادية العليا للبت فيه.

(مادة ١٥٢)

يعمل بهذا الدستور اعتباراً من التاريخ الذي يحدد بإعلان يصدره الحكام الموقعون على هذا الدستور. وقع في دبي في هذا اليوم الثامن عشر من شهر يوليو سنة ١٩٧١م الموافق لهذا اليوم الخامس والعشرين من شهر جماد الأول سنة ١٣٩١هـ.

توقيع	توقيع	توقيع
خالد بن محمد القاسمي	راشد بن سعيد آلمكتوم	زايد بن سلطان آلنهيان
حاكم إمارة الشارقة	حاكم إمارة دبي	حاكم إمارة ابو ظبي

서명	서명	서명
하미드 빈 라시드	라시드 빈 아흐마드	무함마드 빈 함드
앗나이미	알마을라	앗샤르끼
아즈만 아미르국	움무 알꾸와인 아미르국	후자이라 아미르국
통치자 대리	통치자 대리	통치자

참조:

연방최고위원회의 회원국들인 아미르국 통치자들의 서명 옆에 라으스 알카이마 아미르국의 통치자 서명이 없는 것은 라으스 알카이마 아미르국이 연방최고회의의 1972년 2번 결의안에 따라 연방에 가입되었기 때문이다.

توقيع	توقيع	توقيع
محمد بن حمد الشرقي	راشد بن أحمد المعلا	حميد بن راشد النعيمي
حاكم إمارة الفجيرة	عن حاكم إمارة أم القيوين	عن حاكم إمارة عجمان

ملاحظة:

يرجى ملاحظة عدم وجود توقيع حاكم إمارة رأس الخيمة بجوار توقيعات أصحاب السمو حكام الإمارات أعضاء المجلس الأعلى وذلك الانضمام إمارة رأس الخيمة إلى الاتحاد لاحق بقرار المجلس الأعلى للاتحاد رقم ٢ لسنة ١٩٧٢.

주석

아랍에미리트 헌법

1 "임시"라는 단어는 1996년 12월 2일 관보 제300호에 게재된 1996년 헌법개정 제1번에 의거하여 삭제되었다. 개정 내용 제1조는 "단어 '임시'는 그것이 어디에 있든지 아랍에미리트 헌법에서 삭제된다."고 규정하였다. 이전 헌법의 명칭은 '아랍에미리트 연합국 임시헌법'이었다.

2 한국어로는 '샤르자(Sharjah)'라고 하지만 아랍어 표기로는 '앗샤리까(al-Shaariqah)'이다. '후자이라' 또한 아랍어로는 '푸자이라(Fujayrah)'이다.

3 1972년 2월 10일부로 라으스 알카이마가 연방에 가입했다.

4 1996년 헌법개정에 따라 "연방을 위한 영구(永久)헌법의 준비가 끝나기까지", "이 안에 명시되어 있는 과도(過渡) 기간 동안 시행될 이 임시헌법"과 같은 표현이 삭제되었다.

5 아랍에미리트는 1971년 12월 2일 영국으로부터 독립하여 현재 7개 아미르국들로 구성된 연방국이다.

6 연방최고회의는 연방의 최고 권력기관으로 각 아미르국들의 통치자들로 구성되어 있다.

7 연방국가평의회 의원수는 40명이며 아부다비 8석, 두바이 8석, 샤르자 6석, 라으스 알카이마 6석, 아즈만 4석, 움무 알꾸와인 4석, 후자이라 4석으로 배분되어 있다. 헌법 제68조 참조.

8 아랍에미리트는 아라비아반도 쪽과는 카타르, 사우디아라비아, 오만 등과 국경을 마주하고 있으며, 아랍만(또는 페르시아만)에서는 이란과 마주하고 있다.

9 아랍에미리트의 면적은 대한민국보다 조금 작은 83,600㎢이며, 인구는 약 450만 여명이다.

10 빨강 · 초록 · 하양 · 검정의 4색은 연방을 구성하고 있는 각 아미르국들의 기의

색깔을 짜맞춘 것이다. 영국으로부터 독립할 때인 1971년 12월 2일 연방법 2조에 따라 제정되었다.

11 아랍공동체(아랍어로는 Ummah라고 함)는 이슬람의 사도인 무함마드가 이 세상에서 이루고자 하였던 신앙 공동체이다.

12 이슬람 샤리아는 이슬람법으로써 코란, 하디스, 이즈마으(합의), 끼야스(유추)를 법원(法源)으로 하고 있다.

13 구 헌법에서는 아부다비 시가 연방의 영구 수도였으나, 1999년 헌법개정에 따라 '영구'라는 말이 삭제되었다.

14 GCC(걸프만 협력기구)국가들은 역내에서 자본과 상품의 이동 시에 호혜관계에 의하여 타 국가들보다는 많은 혜택과 보장이 주어지고 있다.

15 1950년대 최초로 서구식 학교를 설립하고 외국인 교사를 고용하는 등 개방적인 정책을 실시하였다. 아랍에미리트의 기본 학제는 유치원 및 초등학교(6세~11세), 중등학교(12세~14세), 고등학교(15세~17세), 대학교로 구성되며, 초등학교에서 고등학교까지 수업료·교과서·피복·식사 등 일체를 무료로 제공하고 있다. 해외에 있는 대학교에 진학할 경우에도 교육비 및 생활비를 보조한다. 전체 학생의 약 40%가 사립학교에 다니고 있으며, 외국 학생의 경우 국립학교에 입학하려면 학비를 내야 한다. 또한 이슬람학과의 경우 국적을 불문하고 무슬림 학생에게만 입학을 허용하고 있다. 아랍에미리트는 전체 예산의 약 25%를 교육에 투입하고 있어 문맹률은 약 9%로 중동지역에서 최저 수준이다. 초등학교의 교사 비율은 1:15로 역시 최저 수준이다.

16 아랍에미리트에서 취업을 하려면 노동법 상 채용자들이 스폰서가 되어 취업비자, 노무카드, 체류비자, 의료보험 등을 책임져야 한다.

17 범죄인의 모든 재산을 국고에 귀속된다.

18 아랍에미리트 군대는 육·해·공군을 포함하여 약 7만 명 정도이며, 걸프전 이후 70%에 달하던 외국인 용병을 점차 자국민으로 대체하면서 2010년에는 30%로 축소하였다. 지금까지는 모병제를 실시한 것으로 보이며, 경찰총장이 징병제의 필요성을 역설한 바 있다.

19 2013년도 연방예산은 446억 디르함(약 121억불)이다. 주요 예산안을 보면 사회부문이 227억 디르함으로 전체 예산의 약 50%를 차지하고 있으며, 교육부문은 전체 예산의 22%인 99억 디르함을 차지하고 있다. 2014년도 예산안을 보면, 총예산은 460억 디르함(약 125억불)이고, 이 가운데 절반은 개발 및 사회 편의를 위해 배분되었으며, 약 21%는 교육부문에 할당되었다. 예산안의 충당은 아부다비가 177억 디르함, 두바이가 12억 디르함을 분담하고 있다.

20 1971년 독립 이후, 제1대 대통령은 아부다비의 자이드 븐 술탄 앗나흐얀이 1971년 12월 1일부터 2004년 11월 2일까지 재임하였으며, 권한 대행으로 두바이의 마크툼 븐 라쉬드 알마크툼이 2004년 11월 2월부터 2004년 11월 3일까지 재임하였다. 그 후 제2대 대통령은 아부다비의 칼리파 븐 자이드 앗나흐얀이 2004년 11월 3일부터 현재까지 재임하고 있다.

21 연방총리는 내각의 수반 역할을 하며 임기는 5년이다. 대통령의 제청 및 연방최고회의의 동의로 선출된다. 관례적으로 두바이 통치자가 연방총리로 선출되며 부통령직을 겸한다. 역대 부통령 및 연방총리를 보면, 제1대에 마크툼 븐 라쉬드 알마크툼이 1971년 12월 9일부터 1979년 4월 25일까지 재임하였으며, 제2대에는 라쉬드 븐 사이드 알마크툼이 1979년 4월 25일부터 1990년 10월 7일까지 재임하였다. 제3대는 제1대 부통령으로 재임하였던 마크툼 븐 라쉬드 알마크툼이 1990년 10월 7일부터 2006년 1월 4일까지 재임하였다. 그리고 현재는 무함마드 븐 라쉬드 알마크툼이 2006년 1월 11일 이후 재임 중이다.

22 연방각료회의 의장은 대통령이 임명함. 제54조 5항 참조.

23 아랍에미리트는 현재 우리나라를 포함하여 세계 약 70여 국가들과 대사급 외교 관계를 맺고 있다.

24 연방각료회의는 대통령을 의장으로 하고, 부의장은 부통령 겸 연방총리가 맡으며, 그 아래로 2명의 부총리가 있다. 그리고 20 명의 장관들로 구성되며, 국방장관은 총리가 겸임한다.

25 아랍에미리트의 회계연도는 매년 1월 1일부터 12월 31일까지이다.

26 아랍에미리트의 의회인 연방국가평의회 의원은 40명이며, 그 중에 20명은 아미

르가 지명하고, 나머지 20명은 선거를 통해 선출된다.

27 아랍에미리트의 연방국가평의회 의원 출마 자격은 25세로, 대부분의 국가와 동일하다. 한편 사우디아라비아의 경우는 30세 이상으로 규정하고 있다.

28 아랍 대부분 국가들에서는 이러한 조건을 헌법에 명시하고 있는데, 이러한 단서가 붙는 것은 아랍국가의 문맹률이 서구보다 월등히 높기 때문으로 보인다. 실제로 아랍에미리트의 문맹률은 약 10%(2005, CIA)이다.

29 연방국가평의회의 상임위원회는 내무·국방위원회, 재무·경제·산업위원회, 샤리아 및 법률위원회, 교육·청소년·홍보문화위원회, 보건·노동·사회위원회, 외무·기획·석유·광물·농업·어업위원회, 이슬람문제 및 아우까프위원회, 청원·불평조사위원회, 긴급사안위원회, 제안·회신위원회, 인권위원회가 있고, 사안에 따라 임시위원회가 설치되고 있다.

30 사무국은 사무총장과 다수의 사무총장 보좌역, 각 행정부서 장과 직원들로 구성되어 있다. 사무국의 본부는 아부다비에 있으며, 분소는 현재 두바이에 있다.

31 이 헌법 제8편은 연방재정업무에 관한 사안을 다루고 있음.

32 법관의 자격은 법과대학이나 샤리아대학 출신의 자국민이어야만 한다.

33 환부거부

34 법률안 재의결

35 아랍에미리트의 연방군대는 약 7만 명이며, 2010년도 국방비는 약 100억불 정도이다. 그리고 4개 아미르국들(아부다비, 두바이, 라으스 알카이마, 샤르자)은 자체 군대를 보유하고 있다.

36 아랍에미리트의 자유지역은 100% 외국 투자를 허용하고 있으며 세금이 없다. 통상적으로 15년 또는 50년 간 투자가 보장되고 있다. 이곳에는 경제자유구역, 면세구역, 무관세구역, 자유무역지대 등이 운영되고 있는데, 아부다비에 6개 지대, 두바이에 16개 지대, 아즈만에 1개 지대, 후자이라에 2개 지대, 라으스 알카이마에 3개 지대, 샤르자에 2개 지대, 움무 알꾸와인에 1개 지대 등이 개설되어 있다. 이 외에도 계획 중인 지대가 15개 가량 있다(www.dubaifaqs.com/free-zones/uae.php 2014년 1월 21일 검색).

37 아랍에미리트의 화폐단위는 디르함(AED)이며, 1디르함은 약 289원에 해당한다(2014년 1월 21일 현재).

38 두바이 국제금융센터는 서유럽과 동아시아 간의 방대한 지역에 서비스를 제공하고자 2004년 1월에 개원하였다. 아부다비 글로벌시장(GMAD)은 2013년 2월에 개장하였으며, 이는 아부다비를 금융 서비스의 허브로 육성하기 위함이다.

39 1960년 9월 이라크, 이란, 쿠웨이트, 사우디아라비아, 베네수엘라가 바그다드에서 창설한 국제기구다. 회원국은 총 12개국으로(2009년 10월 현재), 이라크, 이란, 쿠웨이트, 사우디아라비아, 베네수엘라, 카타르, 리비아, 아랍에미리트, 알제리, 나이지리아, 에콰도르, 앙골라 등이다. 설립 목표는 회원국들의 석유정책 조정을 통해 상호 이익을 확보하는 한편, 국제석유시장의 안정을 유지하기 위함이다.

40 1968년 사우디아라비아, 쿠웨이트, 리비아가 '아랍 제국의 이익을 위해 석유를 무기로 한다는 견해를 갖고 공동활동을 한다'는 것을 목적으로 설립하였다. 본부는 쿠웨이트에 있다. 그 후 이라크, 아랍에미리트, 카타르, 바레인, 알제리, 시리아, 이집트, 튀니지가 가맹했다. 기본적으로는 석유수출국기구(OPEC)의 역할을 보완하는 기구이다.

41 지난 11월 25일 총리이자 부통령인 세이크 무함마드 알마크툼이 발표한 바에 따르면, 2014년 연방정부의 수입은 세금이 21%, 수수료 및 비용이 67%, 기업 이익이 3%, 석유수입이 9%를 차지할 것으로 예상되고 있다. 반면에 2014년 정부 지출은 임금이 37%, 상품 및 서비스가 33%, 개발 비용이 17%, 설비투자가 3%, 투자사채 지불금이 10%에 이를 것으로 예상된다.

42 아랍에미리트의 연방 예산안 총액은 약 462억 디르함이다(우리나라 화폐로는 약 13조 3천억이다).

43 2014년 1월 19일 보도에 의하면, 군 복무와 관련하여 아랍에미리트는 모병제 대신에 징병제를 도입할 것이라고 발표했다.

중동의 허브를 넘어
세계의 중심을 꿈꾸다,

아랍에미리트

아랍에미리트는 현재 OECD 회원국은 아니지만, OECD 회원국보다 더 높은 국민소득을 유지하는 국가이고, 국가적 역량을 서방 선진국 수준으로 제고하려는 야심찬 계획을 지니고 있는 신흥시장으로 부상하고 있다. 산유국임에도 불구하고 화석 연료에 의존하지 않는 미래를 설계하고 있고, 원유나 가스에 대한 의존도를 줄이며 친환경 국가로 변모하려는 노력을 경주하고 있는 미래지향형 국가다.

1. 역사

아랍에미리트는 1892년 이래 영국 식민 지배하에 있던 6개 아미르국, 즉 아부다비, 두바이, 샤르자, 아즈만, 움무 알꾸와인, 후자이라가 1971년 12월 2일 입헌연방국으로 독립하면서 결성한 연방공화국이다. 1972년 라으스 알카이마 아미르국이 참여함에 따라 총 7개 아미르국이 연방을 결성하였다. 수도는 아부다비다. 독립 아랍국가의 경우 연방최고위원회가 만장일치로 동의할 경우 연방에 가입할 수 있도록 문호를 개방해 놓고 있다.

2. 정치

아랍에미리트 연방의 최고 권력기관은 연방최고회의다. 연방을 구성하는 모든 아미르국의 통치자들로 구성되고, 이들은 연방최고회의의 심의(표결) 시 각각 한 표씩을 행사한다. 상정된 사안에 대한 연방최고회의의 결정은 회원국들 중 5개 회원국 다수의 찬성으로 공포되는데 아부다비와 두바이의 두 표가 반드시 포함되어야 한다. 연방최고회의 회의는 연방 수도인 아부다비에서 개최되며, 사전에 합의되면 다른 장소에서도 개

연방최고회의		
연방직위	이름	통치지역
대통령	H.H. Sheikh Khalifa bin Zayed al-Nahyan	아부다비
부통령/총리/국방장관	H.H. Sheikh Mohammed bin Rashid al-Maktoum	두바이
	H.H. Sheikh Sultan bin Mohammed al-Qasimi	샤르자
	H.H. Sheikh Saud bin Saqr al-Qasimi	라으스 알카이마
	H.H. Sheikh Hamad bin Mohammed al-Sharqi	후자이라
	H.H. Sheikh Saud bin Rashid al-Mu'alla	움무 알꾸와인
	H.H. Sheikh Humaid bin Rashid al-Nuaimi	아즈만

최할 수 있다.

연방대통령과 부통령은 임기가 5년씩이고 재선이 허용된다. 연방각료회의는 연방의 집행기구로써, 대통령과 연방최고회의의 감독 아래 헌법과 연방법에 의거하여 연방과 관련한 국내외 모든 업무 처리를 담당하는데, 각료회의 의장(총리), 부의장(부총리), 장관으로 구성된다. 장관은 능력과 경험이 입증된 연방 시민 가운데서 선출된다. 총리, 부총리, 장관은 다른 직업을 겸직할 수 없고, 연방정부나 아미르국 정부와 관련된 사업에 절대 참여할 수 없다.

입법기관인 연방국가평의회는 40명의 의원으로 구성되고 의원의 임기는 2년이다. 아미르국마다 의원수가 배정되어 있는데 아부다비 8석, 두바이 8석, 샤르자 6석, 라으스 알카이마 6석, 아즈만 4석, 움무 알꾸와인 4석, 후자이라 4석이다. 의원 선출은 각 아미르국의 방식에 따르되, 의원은 아미르국 시민으로 25세 이상이어야 하고 연방 공직을 겸직할 수 없으며, 연방 국민 모두를 대표한다. 연방국가평의회는 6개월 이상 연례 정기회를 개최하고, 정기회는 매년 11월 셋째 주에 소집한다.

연방사법부는 최고법원과 초급법원으로 구성된다. 연방최고법원은 대법원장과 총 5명을 넘지 않는 법관으로 구성되는데, 법관들은 연방최고회의의 승인을 받은 후에 연방대통령이 공포하는 칙령에 의해 임명된다. 하나 이상의 연방초급법원(1심법원)을 두고 연방과 개인들 사이에 발생한 민사분쟁, 상사분쟁, 행정분쟁을 다룬다. 각 아미르국 지방사법기관은 연방사법부에 위임되지 않은 모든 사법적 문제를 관할한다.

3. 면적과 인구

아랍에미리트 연방의 면적은 71,023.6평방킬로미터로 남한

아미르국별 면적과 점유율		
아미르국명	면적(㎢)	점유율(%)
아부다비	59,434.7	83.7
두바이	4,027.1	5.7
샤르자	2,564.4	3.6
아즈만	268.2	0.4
움무 알꾸와인	702.2	1.0
후자이라	2,447.1	3.4
라으스 알카이마	1,579.9	2.2
총계	71,023.6	100.0

출처: 아랍에미리트연방국 통계청 2012 기후통계

면적(99,720평방킬로미터) 보다 조금 작은데, 7개 아미르국 중 맏형 역할을 하고 있는 아부다비가 국토의 83.7%를 차지하고 있다.

2005년 인구조사에 따르면 총 인구수는 4,106,427명이었지만, 2010년 연방정부 추산 인구는 그보다 두 배나 많은 8,264,070명이다. UN 세계인구전망 2012년 개정판에 따르면 2013년 추정 인구는 9,346,000명에 달하고,[1] 향후 인구가 꾸준히 증가하여 2025년 추정인구는 11,479,000명[2]에 이를 것으로 예상된다. 주민의 대부분은 도시에 살고 있는데, 총인구 대비 도시인구 비율은 84.7%다.[3] 또한 총인구 중 자국민은 20%에 불과하고 외국인들이 주민의 대부분인 80%를 차지하고 있

연방 통계에 따른 연도별 인구(2005-2010년)		
연도	인구수	비고
2005	4,106,427	인구조사결과
2006	5,012,384	추정
2007	6,219,006	추정
2008	8,073,626	추정
2009	8,199,996	추정
2010	8,264,070	

출처: 아랍에미리트연방국 통계청 2012 통계(UAE in Figures 2012)

는데, 이들 대부분은 주로 서남아시아 출신 노동자들이다.

아미르국별 아랍에미리트 연방 국적자 수(2006-2010년)					
아미르국명	2006년	2007년	2008년	2009년	2010년
아부다비	361,636	373,584	385,655	398,148	404,546
두바이	144,296	151,127	157,514	164,448	168,029
샤르자	141,281	144,319	147,855	151,506	153,365
아즈만	39,897	40,555	41,192	41,852	42,186
움무 알꾸와인	16,238	16,576	16,930	17,296	17,482
라으스 알카이마	89,785	91,777	93,973	96,329	97,529
후자이라	58,031	59,803	61,738	63,802	64,860
계	851,164	877,741	904,857	933,381	947,997

출처: 아랍에미리트연방국 통계청 2012 통계(UAE in Figures 2012)

아미르국별 연방 총 국적자수 대비 인구비율(2006-2010년)(단위 %)					
아미르국명	2006년	2007년	2008년	2009년	2010년
아부다비	42.5	42.6	42.6	42.7	42.7
두바이	17	17.2	17.4	17.6	17.7
샤르자	16.6	16.4	16.3	16.2	16.2
아즈만	4.7	4.6	4.6	4.5	4.5
움무 알꾸와인	1.9	1.9	1.9	1.9	1.8
라으스 알카이마	10.5	10.5	10.4	10.3	10.3
후자이라	6.8	6.8	6.8	6.8	6.8
계	100	100	100	100	100

출처: 아랍에미리트연방국 통계청 2012 통계(UAE in Figures 2012)

국어는 아랍어지만, 영어가 광범위하게 통용되고 있고, 종교는 이슬람교이며 순니와 시아의 비율은 약 80%대 20%로 순니가 우세하다.

4. 자연환경

아랍에미리트는 동쪽으로 오만만, 아랍만/페르시아만과 접하고 있는데, 해안선 총연장은 1,812km에 달한다. 영구적으로 흐르는 강은 없지만, 사우디아라비아와 인근한 곳에 알리와(al-Liwa), 오만과 인근한 곳에 알부라이미(al-Buraymi)라는 2개의 주요 오아시스가 있다. 남북으로 연방을 가르는 알하자르 알가르비(al-Hajar al-Gharbi) 산맥이 있고 가장 높은 산은 자발 이비르(Jabal Yibir)로 1,527m다.

지형적 조건상 산맥에 연해 있는 후자이라와 라으스 알카이마는 강수량이 타 지역에 비해 높으나, 연 강수량은 모든 지역이 100mm 이하다. 연 평균 강수량은 110mm인데, 최대치는 2월의 37.9mm, 최소치는 6월의 0.3mm다. 고온으로 인해 강우는 모두 증발되고, 보조 관개시설 없이는 작물재배가 불가능한 기후조건을 지니고 있다. 2012년의 경우 최고기온은 섭씨 49.3

도(6월, 샤르자 공항), 최저기온은 섭씨 6.6도(1월, 아인 공항)로 기록되었다.[4] 습도는 상당히 높은데, 2012년의 경우 10월에 샤르자 공항 지역의 최고 절대습도가 100%에 달하였다. 2012년 평균 최고습도는 85%(8월), 최저는 20%(4월)이었다.

월 최고 및 최저 온도(2012년)												
월	1	2	3	4	5	6	7	8	9	10	11	12
최고 온도	31.5	36.0	41.8	46.4	47.3	49.3	47.6	46.0	43.1	40.8	32.8	31.8
최저 온도	8.2	14.6	19.9	22.0	25.9	26.3	22.6	22.7	16.0	9.9	8.4	6.6

출처: 아랍에미리트연방국 통계청 2012 기후통계

아랍에미리트는 잦은 모래폭풍, 먼지폭풍, 매연으로 인해 대기오염이 심각한 상황이다. 1998년 이래 격년마다 발표되는 세계자연보호기금의 《살아있는 지구 보고서》에 따르면 아랍에미리트는 2000년부터 2010년까지 1인당 온실가스 배출량 전세계 1위를 차지하였고, 2012년에야 처음으로 1위 자리를 카타르에 내어주고 쿠웨이트에 이어 3위를 차지하였다. 이는 대기오염의 심각성을 인지한 아랍에미리트 정부가 그나마 지속적으로 국민계몽과 함께 친환경 정책을 편 노력의 산물이다. 현재 연방을 구성하는 각 아미르국들은 친환경 정책을 입안하고 강력하게 시행하고 있다. 환경의 중요성을 홍보하기 위해 매년 2월 4일을 '국가 환경의 날'로 제정하였고, 1999년 '환경 보호와 개발에 관한 법'이 제정되어 2000년 2월부터 발효되었다. 현재 영토의 5%, 영해의 8.9%가 환경보존지역으로 지정되었다. 환경법도 강력하여 '환경보호와 개발에 관한 법'을 어길 경우 최고 중벌은 사형이나 무기징역이고, 최고액 벌금형은 최소 100만~최대 1,000만 디르함(한화 약 3~30억원)에 달한다.

5. 정국 및 사회 안전성

UN의 《2013 세계행복보고서》에 따르면 아랍에미리트 국민의 행복지수는 세계 14위로 중동국가 중 이스라엘(11위) 다음으로 높다. 외국인 노동자가 주민의 80%에 이르나 이들에 의한 내란이나 국가적 혼란이 발생할 가능성은 희박하고 정부군의 충성도가 대단히 높다. 1971년 연방 성립 이래 아부다비를 수장으로 한 정치체제가 튼튼하여 왕가에 대한 도전이 전무하고, 현 국왕인 셰이크 칼리파(Shaykh Khalifa)의 통치력 또한 견고하다. 그러나 민주적인 정치·사회 제도가 결여되었기에 정정불안의 가능성이 없다고 볼 수는 없다. 아랍에미리트가 오일달러를 앞세워 자국의 이익을 실현하기 위해 최근 이집트 군부를 지지하는 것과 같이 중동 역내 현안에 개입하면서 이익이 상충되는 국가와 긴장관계를 조성할 가능성이 적지 않다.

알카에다와 같은 테러그룹이 아랍에미리트 내에서 근거지를 마련하지 못하고 있기에 현재 테러로부터 비교적 안전하나 9.11 당시 테러범들이 두바이를 경유하였고, 테러 관련 단체들이 두바이 내 금융계좌를 이용하여 돈세탁을 시도하였기에 이에 대한 철저한 대책을 정부차원에서 마련하여 테러에 대응하고 있는 중이다.

현재 아랍에미리트 정부에 가장 위협적인 국가는 이란이다. 페르시아만(또는 아랍만) 호르무즈 해협 인근 유전지대 3개의 섬, 즉 아부무사(Abu Musa), 대(大)툰브(Tunb al-Kubra), 소(小)툰브(Tunb al-Sughra) 영유권을 두고 1974년 이래 이란과 분쟁 중이다. 현재 이들 섬은 이란이 실효 지배하고 있다. 이

지역에서 해양 오염 사고가 날 경우 양국 및 오만이 분쟁에 휘말릴 가능성이 상존한다. 또한 카타르로부터 천연가스를 직송해 오는 돌핀파이프라인(Dolphin Pipeline)이 지나는 바다를 두고 사우디아라비아와 수역 문제로 갈등을 빚었는데, 이 지역이 원유가 풍부한 것으로 알려졌기 때문이다. 2010년에 이곳에서 아랍에미리트 해군함정이 사우디아라비아 선박에 총격을 가하고 선원을 체포한 후 사우디아라비아에 송환한 적이 있다.

카타르에서 천연가스를 수입하는 돌핀파이프라인[6]

6. 과학기술 현황

아랍에미리트는 교육 분야 투자를 늘리면서 과학기술 발전을 도모하고 있다. 이를 위해 2008년 국립연구재단을 설립하여 지식의 생산, 응용, 유포를 도모하고 있다.[6] 1971년 개국 시 74개교, 12,000명의 학생이 있었던 데 비해, 2013년에는 공·사립학교가 1,276개교, 학생이 727,918명에 이른다. 현재 의무교육기간은 12년이다. 정부는 지식기반 경제, 경쟁, 노동 시장 환경에 맞는 세계적인 교육시스템을 운용하고자 노력하고 있고, 2008년 이래 적극적으로 고등교육과 과학 발전을 위한 전략적 계획을 세워 과학 기술 발전을 도모하고 있으나 국가 전반적인 과학기술발전 수준은 낮은 편이다. 2013년 예산

GDP(국민총생산) 대비 연구개발(R&D) 투자 비율				
순위	국가명	비율(%)	아랍 국가	비율(%)
1	이스라엘	4.74	튀니지아	1.02
2	스웨덴	3.68	모로코	0.64
3	핀란드	3.47	요르단	0.34
4	일본	3.45	카타르	0.27
5	한국	3.36	쿠웨이트	0.09
6	스위스	2.93	알제리	0.07
7	아이슬란드	2.81	사우디아라비아	0.05
8	미국	2.67	아랍에미리트(비OECD)	0.72
9	싱가폴	2.61	아랍에미리트(OECD)	2.45
10	덴마크	2.57		

출처: Innovation and Policy Initiative at INSEAD,
"Measuring Innovation and R&D in the U.A.E.," March 28, 2012, p.6.

446억 디르함 중 교육부분은 99억 디르함으로 22%를 차지한다. 이 중 39억 디르함이 고등교육과 과학 연구발전을 위해 쓰인다.

현재 과학연구 인력은 외국인에 의존하고 있고, 자국민 연구 인력은 대단히 낮다. 2020년까지 교원의 90%를 자국민으로 채우는 계획을 실행중이다. 국민총생산 대비 연구개발 비율을 2021년 OECD 선진국 최고수준으로 끌어올리고자 시도하고 있다.

7. 경제

1971년 독립 당시 아랍에미리트의 예산은 2억 100만 디르함이었지만, 2013년 예산은 이보다 200배나 늘어난 446억 디르함(121억 달러)이다. 화폐단위는 디르함(DH)으로, 1 디르함

경제활동지표			
연도	경제활동인구	취업률	실업률
2010년	65.2%	62.4%	4.3%
2011년	65.9%	62.9%	4.6%

출처:아랍에미리트 경제부 연례경제보고서 2012(Annual Economic Report 2012)

은 2014년 4월 현재 약 268원이다. 2012년 국민총생산액은 3,838억 달러, 1인당 국민총생산액은 45,726 달러다. 약 95만 명으로 추산되는 자국민의 실업률은 14%, 민간 분야에 종사하는 비율은 0.5%에 불과한 것으로 보도되고 있다.[7]

아랍에미리트는 산유국이지만 석유와 천연가스 수출의 비중은 30% 내외로 다른 산유국에 비해 비교적 크지 않다. 전체 수출입 규모 측면에서 보았을 때 아랍에미리트는 2011년의 경우 수출 세계 20위, 수입 세계 25위를 차지하였다. 부존자원 수출로 얻은 국부를 국가기반 구축 및 석유화학, 금속산업, 서비스 산업 등 비 석유분야에 투자하고 있는데, 2012년 비 석유분야가 국내총생산의 60%를 차지하였다.

확인된 원유매장량은 978억 배럴로 세계 6위, 확인된 천연가스 매장량은 6조 910억 입방미터로 세계 6위다.[8] 그러나 급격한 경제발전으로 인해 천연가스 소비량이 증대, 현재 가스를 수입하고 있는데, 주 수입국은 카타르다. 생산된 원유의 60%는 일본으로 수출하고 있다. 아부다비가 원유수출로 경제를 주도하고, 두바이는 서비스 산업으로 국부를 창출하는 형국인데, 연방 전체 원유매장량의 94%는 아부다비, 6%는 6개 아미르국에 있다.

각종 국제보고서에 따르면 아랍에미리트는 여타 중동국가에 비해 경제활동이 자유롭고 활발한 국가로 평가받고 있고, 신흥 경제국으로 부상하고 있다. 2012년 세계경제포럼(World Economic Forum)의 《금융발전보고서》에 따르면 아랍에미리트의 금융산업은 세계 26위를 차지한다. 쿠웨이트(21위), 바레인(25위)에 이어 아랍국으로는 3번째다. 세계은행의 2013년 《비즈니스보고서(Doing Business)》에서도 아랍에미리트는 세계에서 26

교역규모(단위 백만 디르함)				
	2010년	2011년	성장률	기여율
수출총액	784.3	1,034.3	31.9%	100.0%
원유, 가스	274.1	409.9	49.5%	39.6%
기타생필품	89.1	117.7	32.1%	11.4%
자유무역지대수출	98.3	110.2	12.1%	10.7%
재수출	322.8	396.5	22.8%	38.3%
총수입액	686.7	843.6	22.8%	100.0%
생필품	485.4	602.1	24.0%	71.4%
자유무역지대수입	201.4	241.5	20.0%	28.6%
총무역액	1,471.0	1,877.9	27.7%	-
무역수지	97.6	190.7	95.4%	-

출처: 아랍에미리트 경제부 연례경제보고서 2012(Annual Economic Report 2012)

번째로 사업하기 편한 국가로 선정되었었는데, 이는 중동에서 사우디아라비아(22위) 다음이다. 세계경제포럼의 《2012년 국제무역보고서》의 국제무역환경이 좋은 나라 순위에서 19위를 차지하였다.

아랍에미리트는 걸프협력회의 가입국가로, 걸프지역 국가간 자유무역협정을 통해 경제발전을 도모하고 있다. 걸프협력회의 가입국은 사우디아라비아, 쿠웨이트, 아랍에미리트, 카타르, 오만, 바레인 등 모두 6개국이다.

현재 아랍에미리트는 원유와 천연가스에 의존하는 산업구조

산업분야별 생산액 대비 기여도(%)		
산업분야	2011년	2012년
광산 · 채굴업(원유/가스)	24.7	25.3
제조업	17.8	18.2
건설업	13.2	12.6
교통, 창고, 통신업	9.1	9.3
도매, 수리 · 정비	9.4	9.1
부동산, 사업서비스	8.5	8.2
금융업	4.6	4.5
음식 · 호텔업	1.9	1.9

출처: 아랍에미리트 경제부 연례경제보고서 2012(Annual Economic Report 2012)

를 개선하여 산업 다각화를 지속적으로 추진 중이다. 자원이 풍부한 아부다비보다 자원이 취약한 두바이가 산업 다각화에 훨씬 적극적이고 대담한 행보를 보여 왔으나, 현재는 아부다비 역시 기존의 보수적인 태도를 지양하고 다양한 산업 개발에 노력하고 있다. 종래 원유, 가스를 기반으로 한 산업 구조를 개선하면서 IT, 의료기기, 냉방장치 제조업 등을 발전시키고 있다. 2011년의 경우 철강, 항공, 에너지, 알루미늄, 유리, 의약산업에 1,140억 디르함을 투자하였다.[9] 걸프지역 국가 중에서 특별히 아랍에미리트가 높은 시장점유율을 유지하고 있는 분야는 알루미늄 제조업이다. 두발(DUBAL)사와 무바달라 (Mubadala)사의 합작 알루미늄 제조사 에말(EMAL)은 2014년 세계 5위의 알루미늄 회사가 될 것으로 예상되고 있다.

아랍에미리트는 중동의 금융허브로 성장하고 있고, 중동에서 싱가폴과 같은 역할을 하려고 하며 종교적·문화적 배경을 이용하여 이슬람금융 영역을 확장하고 있다. 전 세계의 금융자산대비 이슬람금융 자산이 2000년 6%에서 2010년 22%로 증가하였다. 2010년 자산액은 미화로 940억 달러에 이른다. 2008년 리만(Leeman)사태에 따른 국제금융위기로 전통적인 금융이 타격을 받고 위축되었기에 상대적으로 안전한 이슬람 금융의 성장률이 높아졌지만, 금융 기법의 진화로 이슬람금융은 향후 지속 성장할 것으로 예상된다. 이슬람금융의 연평균 성장률은 2000년에는 19%였으나 2010년에는 36%다.[10]

우리나라와 아랍에미리트의 경제 관계는 우호적이다. 원자력 분야에서 한국전력공사와, 위성 분야에서 쎄트렉아이(Satrec Initiative)사[11]와 각각 기술교류 및 우호 협력 관계를 유지하고 있다. 국가차원에서 아랍에미리트는 한국을 벤치마킹하여 우리나라의 초일류 기술을 도입하기 위해 적극적이다. 통화스와프 체결로 양국 우호관계가 공고해짐에 따라 우리 기업의 더욱 활발한 진출이 기대된다. 현재 우리나라의 대 아랍에미리트 주력 수출품은 섬유, 전자, 전기, 자동차다. 2012년의 경우 승용차, 자동차 부품 및 컬러 TV 등의 상위 품목이 전년 대비 하락세를 보였고, 총 수출액은 68억6000만 달러로, 수출 규모는 중동지역에서 35.1%를 차지하였다.[12] 아랍에미리트는 미국 최대의 중동시장이기도 하다. 2012년 수출액은 220억 달러에 달하고, 1,000여개의 기업이 진출해 있으며, 약 6만 명의 미국인이 아랍에미리트에서 일하고 있다.[13]

8. 환경·생태

현재 아랍에미리트가 직면하고 있는 심각한 환경문제 중 하나는 식수 부족과 토양의 염화 현상이다.[14] 사실 이는 아랍에미리트 연방국이 위치한 걸프지역 전 국가가 직면한 난제로 기후변화로 인하여 2025년에 심각한 상황에 처할 것이라는 예측이 나오고 있다. 아랍에미리트 내 기존 농장의 31%가 위기에 처해 있고, 2만 개소가 버려지고 있는데, 주로 아부다비 서부지역이 큰 피해를 보고 있다. 아랍에미리트에서 소비되는 물의 72%는 지하수이고, 21%는 염수를 정제한 물이며, 7%는 재처리한 물이다. 식용수 부족을 해결하기 위해 사용수 절약이 필요한 실정인데, 현재 아랍에미리트의 일인당 물 사용량은 550리터로 세계 평균 250리터보다 월등히 높은 편이다. 아랍에미리트 내 수자원의 67%는 농업용수, 24%는 가정용수로

수자원 생산량 및 소비량(2009-2011년)(단위 MCM)			
	2009년	2010년	2011년
수자원 생산량	1,692.9	1,707.8	1,725.621
수자원 소비량	1,564.2	1,565.9	1,581.403
폐수 처리량			497.7

출처: 아랍에미리트연방국 통계청 2012 통계(UAE in Figures 2012)

쓰이고 공업용수는 9%에 불과하다. 수자원을 확보하기 위해 70여개에 이르는 담수화공장을 가동 중인데, 이중 3분의 2는 아부다비에 위치하고 있다. 2013년 4월 제벨 알리(Jebel Ali)에 세계 최대 규모의 담수화공장을 준공하였는데, 이 공장은 두바이에 수자원과 전력을 공급한다.

환경오염으로 인한 건강 위협은 국제기준에 비추어 낮은 편이나 심각한 대기오염은 국민건강에 위협이 되고 있다. 급격한 경제성장과 지리적 위치로 인한 대기오염, 그리고 원유로 인한 해수오염 방지가 시급한 과제다. 대기오염의 주 원인은 잦은 모래먼지 폭풍과 공장·자동차 매연이다. 현재 아랍에미리트에는 10개의 시멘트 공장이 3,000만 톤의 제품을 생산하

아랍에미리트인의 건강을 위협하는 환경문제 순위			
순위	환경문제	순위	환경문제
1	대기오염	8	제품(과일, 야채) 오염
2	실내공기 오염	9	식수오염
3	제조업장 내 오염노출	10	오존층 파괴
4	건설업장 내 오염노출	11	전자파
5	농업장내 오염노출	12	해양수 오염(해변)
6	수산물 오염	13	주변 소음
7	기후변화	14	거주지 토양오염

출처: National Strategy and Action Plan for Environmental Health(UAE, 2010), p.9

면서 배출하는 오염먼지가 상당하다. 2008년에 1,000명 이상이 환경오염으로 인해 사망한 것으로 추정된다.[15] 전문가들의 견해를 종합하면, 아랍에미리트 내 건강 위해(危害) 요소 1위는 대기오염, 2위는 실내오염, 3위는 제조업, 건설업, 농업 현장의 오염이다.

주요 아랍산유국 이산화탄소배출량(단위: 백만톤)			
국가명	2008년	2009년	2010년
사우디아라비아	387.1	411.4	446.0
아랍에미리트	145.6	149.4	154.0
이라크	73.4	91.9	104.5
쿠웨이트	73.9	80.7	87.4
카타르	49.8	56.4	64.9

출처: IEA CO2 Emissions from Fuel Combustion[16]

걸프협력회의 소속 6개국 공해배출 순위[17]					
순위	국가명	비율 %	순위	국가명	비율 %
1	사우디아라비아	57	4	카타르	6
2	아랍에미리트	17	5	오만	6
3	쿠웨이트	11	6	바레인	3
계					100

출처: 카타르 지속성평가 시스템, "환경 도전과 영향-지역적 시스템 필요성(Qatar Sustainability Assessment System, "Environmental Challenges and Impacts: The need for regionalized System")

9. 기후변화와 아랍에미리트의 도전

환경오염의 심각성을 인식하고 있는 아랍에미리트 정부는 기후변화에 대해 적극적으로 대처하고 있다. 그 일환으로 2009년 1월 독일 본에서 공식 설립된 국제재생에너지기구(IRENA: International Renewable Energy Agency) 사무국을 2009년 6월 마스다르(Masdar)시에 유치하였다. 우리나라도 현재 이사국으로 활동 중이다. 아랍에미리트 정부가 국제재생에너지기구 사무국을 유치할 때 제안하여 운용하고 있는 신재생에너지 기금 아부다비개발펀드(ADFD-IRENA)는 연간 183백만 디르함(약 5천만 달러)을 향후 7년간 회원 개도국에 지원한다. 또한 장기 저리 대출을 통해 환경 관련 프로젝트 당 약 500만~1500만 달러를 지원한다.

아랍에미리트 정부의 친환경 정책의 대표작은 마스다르시다. 환경과 개발이라는 대척개념을 현실 속에서 조화시키려는 아랍에미리트 정부의 친환경정책의 압권으로 2006년 이래 건설되고 있는 친환경 도시가 마스다르다. 탄소, 쓰레기, 자동차가 없는 3무(三無) 도시로 2030년 완공 예정인 마스다르는 수도 아부다비에서 약 17킬로미터 떨어진 곳에 세워지고 있는데 미화 220억 달러가 투여되고, 지속 가능한 천연 태양열을 에너지원으로 사용하는 인류역사상 최대의 환경도시다. 2.5평방킬로미터 면적에 22억 디르함을 투입한 태양열발전소 샴스 1(Shams 1)이 2013년 3월 완공되어 2만 가구에 공급되는 분량인 100메가와트의 전력을 생산하는데, 샴스 2, 샴스 3이 계속 건설될 예정이다. 마스다르시는 풍부한 석유 판매 자금으로 지상 최대의 친환경 녹색기술을 총망라한 거대한 녹색기술 경연장이 될 것이다. 2025년경에는 거주민 4만, 출퇴근인구 5만의 도시가 될 것으로 예상된다.

또 다른 친환경 역작은 무함마드 빈 라시드 알마크툼 솔라파크(Mohammad bin Rashid al- Maktoum Solar Park)다. '두바이 통합에너지 전략 2030(Dubai Integrated Energy Strategy 2030)' 계획 하에 2012년 1월 발족한 태양열발전사업으로 투입 예산이 120억 디르함에 달하는데, 2020년까지 두바이 내 소요 에너지원의 1%를 태양열로 조달하고 이를 2030년에는 5%로 끌어 올리는 것이 목표다. 2030년 솔라파크의 태양열 에너지 발전량 목표는 1,000메가와트다. 건설이 순조롭게 계획대로 진행되면 2030년 두바이의 에너지원은 천연가스 71%, 원자력과 청정석탄 24%, 태양열 5%가 될 것이다.

또한 세계 최초의 친환경 모스크인 칼리파 앗타제르(Khalifa al-Tajer) 모스크가 680만 달러의 건설비용으로 두바이 구시가지에 건축 중인데, 2014년 완공 예정이다. 태양열과 예배 전 세정에 사용되는 물을 재활용하는 친환경 기술로 전력과 물 소비를 15~18% 절감하는 건축물이다. 2012년 정부 산하 종교재단이 향후 모든 모스크를 친환경적인 건물로 만들겠다는 계획을 발표한 후 처음으로 짓는 모스크인데, 2014년부터 모든 모스크는 친환경적으로 건설되어야 하며 기존 모스크 역시 친환경으로 개조할 계획이다. 이처럼 아랍에미리트는 친환경적 개발 비전을 국가적 차원에서 실행중이다. 이는 아부다비 2030 계획, 두바이 2020 계획에 잘 나와 있다.[18]

10. 우리나라와 관계

아랍에미리트와 우리나라는 1980년 6월 18일 외교관계를 수립하였다. 우리 공관은 같은 해 12월 3일 설치되었고, 아랍에미리트는 1987년 3월 6일에 남북한주재공관을 우리나라에 설치하였다. 2012년 현재 아부다비에 5,200여 명, 두바이에 4,900여 명의 우리 교민이 거주하고 있다. 현재 KOTRA, 한국관광공사, 한국전력, 석유공사 등 우리 정부투자기관과 약 170여 개의 일반 기관이 아랍에미리트에 진출해 있다.

무역관계(단위: 억 달러)			
연도	수출	수입	비고
2010	54.9	121.7	수출: 자동차, 무선통신기기, 철구조물
2011	72.7	147.6	수입: 원유, 나프타, 알루미늄괴, LPG
2012	68.6	151.2	

출처: 외교부편 『2013 세계각국편람』

주석

중동의 허브를 넘어 세계의 중심을 꿈꾸다, 아랍에미리트

1 http://esa.un.org/wpp/Documentation/publications.htm

2 http://esa.un.org/wpp/Documentation/publications.htm

3 http://data.un.org/CountryProfile.aspx?crName=United%20Arab%20Emirates

4 출처: National Center of Meteorological and Seismology.
  http://www.uaestatistics.gov.ae/EnglishHome/ReportDetailsEnglish/tabid/121/De
  fault.aspx?ItemId=2194&PTID=104&MenuId=1

5 http://www.2b1stconsulting.com/wp-content/uploads /2012/09/Dolphin_Energy_
  Gas_ Pipeline.jpg

6 http://www.nrf.ae/

7 http://gulfnews.com/news/gulf/uae/employment/emirati-unemployment-at-14-
  1.1139425

8 OPEC, *Annual Statistical Bulletin 2013.*

9 http://www.uaeim.ae/ko/industrial-sectors

10 장철복, "중동경제의 최근 동향 및 이슬람금융의 전망," (2013년 10월 10일 대
   외경제정책연구원 발표자료), p.21.

11 http://www.satreci.com/index.htm

12 2012년 한국-UAE 수출입 현황. http://www.globalwindow.org/GW/middle-
   east/trade/info/overseamarket-detail.html?&SCH_TYPE=SCH_SJ&MENU_CD
   =M10145&MODE=L&SCH_CMMDY_CATE_CD=00000&SCH_TRADE_C
   D=0000000&ARTICLE_ID=5001473&UPPER_MENU_CD=M10144&BBS_I
   D=10&SCH_VALUE=%EC%88%98%EC%B6%9C%EC%9E%85&MENU_S

TEP=3&Page=1&SCH_NATION_CD=101111&SCH_START_DT=&RowCou
ntPerPage=10&RowCountPerPage=10&ARTICLE_SE=&SCH_END_DT=

13 Kenneth Katzman, *The United Arab Emirates (UAE): Issues for U.S. Policy*, CRS Report for Congress, 2013. www.fas.org/sgp/crs/mideast/RS21852.pdf

14 http://www.thenational.ae/uae/environment/20130916/water-scarcity-will-be-at-alarming-levels-by-2025-gcc-warned

15 Gibson and Farah, "Environmental Risks to Public Health in the United Arab Emirates: A Quantitative Assessment and Strategic Plan," http://www.ncbi.nlm.nih.gov/pmc/articles/PMC3346776/

16 http://www.iea.org/statistics/topics/CO2emissions/

17 Qatar Sustainability Assessment System, "Environmental Challenges and Impacts: The need for regionalized System." 주요 5 오염원: 일산화탄소, 산화질소, 비 메탄계 휘발성 유기화합물, 이산화황, 이산화탄소

18 Plan Abu Dhabi 2030, Dubai Strategic Plan 2020

참고문헌

1. 우리말 자료

외교부 편. 「2013 세계각국편람」 외교부 창조행정담당관실, 2013.

장철복. "중동경제의 최근 동향 및 이슬람금융의 전망." 2013년 10월 10일 대외경제정책연구
원 발표자료.

KOTRA 해외비지니스정보포털 GlobalWindow. "2012년 한국-UAE 수출입 현황."
http://www.globalwindow.org/GW/middle-east/trade/info/overseamarket-
detail.html?&SCH_TYPE=SCH_SJ&MENU_CD=M10145&MODE=L&SCH_CMMDY_
CATE_CD=00000&SCH_TRADE_CD=0000000&ARTICLE_ID=5001473&UPPER_M
ENU_CD=M10144&BBS_ID=10&SCH_VALUE=%EC%88%98%EC%B6%9C%EC%9
E%85&MENU_STEP=3&Page=1&SCH_NATION_CD=101111&SCH_START_DT=&
RowCountPerPage=10&RowCountPerPage=10&ARTICLE_SE=&SCH_END_DT=

2. 외국어 자료

Abu Dhabi Urban Planning Council. *Plan Abu Dhabi 2030: Urban Structure Framework Plan*
https://www.abudhabi.ae/egovPoolPortal_WAR/appmanager/ADeGP/Citizen?_nfpb=true&
_pageLabel=P6800117491243344215175&did=132992&lang=en

The Cooperation Council for The Arab States of Gulf. *Statistical Bulletin*. http://www.gcc-sg.org/
eng/

Department of External Information. *UAE, UAE Yearbook 2010*.
http://www.uaeyearbook.com/Yearbooks/2010/ENG/data/UAE-Yearbook-2010-English.pdf

The Economist. "Laying the foundations: A new era for R&D in the Middle East."
http://www.google.co.kr/url?sa=t&rct=j&q=&esrc=s&frm=1&source=web&cd=1&ved=0C
DMQFjAA&url=http%3A%2F%2Fwww.managementthinking.eiu.com%2Fsites%2Fdefaul
t%2Ffiles%2Fdownloads%2FEIU-ATIC_Report1_Web.pdf&ei=RTluUqD7IcaXkgXD2Y
GABg&usg=AFQjCNGqUTd30onwaEf_7xsjRoKwwZO2uQ&bvm=bv.55123115,d.dGI&

cad=rjt

Environment Agency-Abu Dhabi. *Policies and Regulations of Abu Dhabi Emirate.*
http://www.google.co.kr/url?sa=t&rct=j&q=&esrc=s&frm=1&source=web&cd=1&ved=0C
EAQFjAA&url=http%3A%2F%2Fwww.agedi.ae%2Fpages%2Fpdf%2F6%2520pollution
%2520and%2520regulations.pdf&ei=-y1uUvvZOMzhlAW1-4GYCQ&usg=AFQjCNFfIE
xhFrjrAMtqIBRqtP4MX1Ihzg&bvm=bv.55123115,d.dGI&cad=rjt

-----. *Environmental Risks to Health in the United Arab Emirates.*

-----. *Climate Change: Impacts, Vulnerability & Adaptation.*
http://sei-us.org/publications/id/53

-----. *National Strategy and Action Plan for Environmental Health: United Arab Emirates 2010.*
http://www2.sph.unc.edu/images/stories/units/uae/documents/strategy_action_plan_022310.
pdf

Emirates Competitiveness Council. *Policy in Action: The UAE in the Global Knowledge Economy.*
http://www.google.co.kr/url?sa=t&rct=j&q=&esrc=s&frm=1&source=web&cd=1&ved=0C
CoQFjAA&url=http%3A%2F%2Fwww.ecc.ae%2Fen%2Fgetfile.aspx%3Fftype%3Ddwn
%26file%3D27042011032149.pdf&ei=2TRuUqvZGsSmkwWTqoCoDA&usg=AFQjCNH
_6koKfVIeKn5Lqkz1EeITqoEOSw&bvm=bv.55123115,d.dGI&cad=rjt

Gibson and Farah. "Environmental Risks to Public Health in the United Arab Emirates: A Quantitative Assessment and Strategic Plan." http://www.ncbi.nlm.nih.gov/pmc/articles/PMC3346776/

Government of Abu Dhabi. *Abu Dhabi Economic / Urban Planning Vision 2030.*
http://www.upc.gov.ae/template/upc/pdf/abu-dhabi-vision-2030-revised.pdf

Government of Dubai. *Air Environment Regulations.*
http://www.ehss.ae/form_downloads.php?CID=Guidelines#

-----. *Green Building Regulations & Specifications.*
http://www.dewa.gov.ae/images/greenbuilding_eng.pdf

International Energy Agency. "CO2 Emissions from Fuel Combustion."

http://www.iea.org/termsandconditionsuseandcopyright/

Katzman, Kenneth. *The United Arab Emirates (UAE): Issues for U.S. Policy 2011*,

Congressional Research Service Report for Congress, 2011.

http://usuaebusiness.org/wp-content/uploads/2012/06/CRS-The_United_Arab_Emirates

_UAE_Issues_for_US_-Policy.pdf

-----. *The United Arab Emirates (UAE): Issues for U.S. Policy 2013*, Congressional Research

Service Report for Congress, 2013.

http://www.fas.org/sgp/crs/mideast/RS21852.pdf

Al-Majlis al-Watani al-Ittihadi. *Dustur (Constitution)*.

http://www.almajles.gov.ae/AboutTheFNC/ConstitutionandSystems/Pages/Constitution.aspx

Masdar - A Mubadala Company. *Advancing the Clean Energy Future*.

http://www.masdar.ae/assets/downloads/content/1149/masdar_corporate_brochure_-

english-_ver_8_-_june_2013.pdf

Masdar Institute. *Renewable Energy Readiness Assessment Report: GCC Countries (Executive*

Summary 2011-2012).

http://www.google.co.kr/url?sa=t&rct=j&q=&esrc=s&frm=1&source=web&cd=2&ved=0C

DIQFjAB&url=http%3A%2F%2Fwww.eugcc-cleanergy.net%2FLinkClick.aspx%3

Ffileticket%3DRD2eqEvdsgo%253D%26tabid%3D408%26mid%3D1509%26forcedownlo

ad%3Dtrue&ei=sTluUoHwD4LfkAWvwYDwBw&usg=AFQjCNFvoHKBF2VzqeRu-

aXnib-s4C3cKQ&bvm=bv.55123115,d.dGI&cad=rjt

National Bureau of Statistics 각종 통계자료

http://www.uaestatistics.gov.ae/EnglishHome/tabid/96/Default.aspx

OPEC. *Annual Statistical Bulletin 2013*.

http://www.google.co.kr/url?sa=t&rct=j&q=&esrc=s&frm=1&source=web&cd=1&ved=0C

CoQFjAA&url=http%3A%2F%2Fwww.opec.org%2Fopec_web%2Fstatic_files_project%2

Fmedia%2Fdownloads%2Fpublications%2FASB2013.pdf&ei=tTZuUpXpMMfkkgXr2ID
ACg&usg=AFQjCNFzlO7ahLN-R2of9Vho0Hs4f_LXiA&bvm=bv.55123115,d.dGI&cad
=rjt

Qatar Sustainability Assessment System. *Environmental Challenges and Impacts: The Need for Regionalized System.*
http://www.unep.org/sbci/pdfs/Oct_symposium/SustainabilityAssessment%20System_AM.
pdf

UAE Government. *Policy of the United Arab Emirates on the Evaluation and Potential Development of Peaceful Nuclear Energy.*
http://www.fanr.gov.ae/En/Documents/whitepaper.pdf

UAE Ministry of Economy. *Annual Economic Report 2012.*
http://www.google.co.kr/url?sa=t&rct=j&q=&esrc=s&frm=1&source=web&cd=5&ved=0C
FYQFjAE&url=http%3A%2F%2Fwww.economy.ae%2FEnglish%2FDocuments%2FAnn
ual%2520Economic%2520Report%25202012-en.pdf&ei=dzZuUsjrGcTCkwW94YGwCA
&usg=AFQjCNGBJ9xpPqvs3LFr79ZKKawTyXD5Hg&bvm=bv.55123115,d.dGI&cad=rjt

The World Bank. "Carbon dioxide emissions per capita (tonnes)."
http://data.worldbank.org/data-catalog/world-development-indicators

The World Bank - International Bank for Reconstruction and Development. *Doing Business 2013.* www.worldbank.org

World Economic Forum. *The Financial Development Report 2012.*
http://www.weforum.org/reports/financial-development-report-2012

-----. *The Global Enabling Trade Report 2012.*
http://www3.weforum.org/docs/GETR/2012/GlobalEnablingTrade_Report.pdf

World Health Organization. *Country Cooperation Strategy for WHO and the United Arab Emirates 2012-2017.*
http://applications.emro.who.int/docs/CCS_UAE_2012_EN_14947.pdf

WWF. *Living Planet Report 2012.* www.wwf.org

찾아보기

명지대학교중동문제연구소 중동국가헌법번역HK총서03

아랍에미리트 헌법

등록 1994.7.1 제1-1071
1쇄 발행 2014년 6월 30일

기 획   명지대학교 중동문제연구소(www.imea.or.kr)
옮긴이   김종도 정상률 임병필 박현도 안정국
감 수   기현석
펴낸이   박길수
편집인   소경희
편 집   조영준
디자인   이주향
펴낸곳   도서출판 모시는사람들
         110-775 서울시 종로구 삼일대로 457(경운동 88번지) 수운회관 1207호
전 화   02-735-7173 02-737-7173 / 팩스 02-730-7173

인 쇄   상지사P&B(031-955-3636)
배 본   문화유통북스(031-937-6100)
홈페이지 http://modl.tistory.com/

값은 뒤표지에 있습니다.
ISBN   978-89-97472-71-0   94360
ISBN   978-89-97472-43-7   94360 [세트]

* 잘못된 책은 바꿔드립니다.
* 이 책의 전부 또는 일부 내용을 재사용하려면 사전에 저작권자와 도서출판 모시는사람들의
동의를 받아야 합니다

이 도서의 국립중앙도서관 출판시도서목록(CIP)은 e-CIP 홈페이지 (http://www.nl.go.kr/ecip)
에서 이용하실 수 있습니다.

(CIP 제어번호 : 2014017957)